第一军规

曾散——著

湖南教育音像电子出版社

图书在版编目（CIP）数据

第一军规 / 曾散著. 一长沙：湖南人民出版社，2019. 4 (2021.8)
ISBN 978-7-5561-2058-1

I . ①第⋯ II . ①曾⋯ III . ①军队—思想政治教育—研究—中国 IV . ①E221

中国版本图书馆CIP数据核字（2018）第232453号

DIYI JUNGUI

第一军规

著　　者	曾　散	
责任编辑	黎晓慧　田　野	
装帧设计	罗四夕	
责任校对	夏文欢	

出版发行　湖南人民出版社［http://www.hnppp.com］
　　　　　湖南教育音像电子出版社
地　　址　长沙市营盘东路3号
邮　　编　410005
经　　销　湖南省新华书店

印　　刷　湖南凌宇纸品有限公司
版　　次　2019年4月第1版
　　　　　2021年8月第2次印刷
开　　本　710 mm × 1000 mm　　1/16
印　　张　14.5
字　　数　170千字
书　　号　ISBN 978-7-5561-2058-1
定　　价　39.00元

营销电话：0731-82683348　　（如发现印装质量问题请与出版社调换）

内容简介

2013 年 3 月 11 日，中共中央总书记、国家主席、中央军委主席习近平在出席十二届全国人大一次会议解放军代表团全体会议时指出，建设一支听党指挥、能打胜仗、作风优良的人民军队，是党在新形势下的强军目标。听党指挥是灵魂，决定军队建设的政治方向；能打胜仗是核心，反映军队的根本职能和军队建设的根本指向；作风优良是保证，关系军队的性质、宗旨、本色。听党指挥、能打胜仗、作风优良，三者相互联系、密不可分，与我们党一以贯之的建军治军指导思想和方针原则相一致，中国人民解放军在创建伊始便有着严格的纪律要求，一直保持着光荣传统和优良作风。

穿过历史的风云，时光回到 1928 年 4 月 3 日，中国人民解放军的主要缔造者毛泽东在湖南桂东沙田向工农革命军颁布《三大纪律六项注意》，后来发展完善为《三大纪律八项注意》。正是这建立在政治自觉行动自觉基础上的铁的纪律，见证了中国人民解放军从无到有、从弱到强的发展历程，人民军队才一路向前、披荆斩棘，取得一个又一个辉煌胜利。1947年10月10日，毛泽东起草《中国人民解放军总部关于重行颁布三大纪律八项注意的训令》，从此，内容统一的"三大纪律八项注意"就以命令的形式固定下来，成为全军的统一纪律，凝铸成中国人民解放军铁一般的"第一军规"。

"木受绳则直，金就砺则利。"治军之道，得之于严，失之于松。在改革强军的新征程上，确保强军梦的实现，更需要每个军人坚决做到军令如山、军纪如铁，有令必行、有禁必止。历史上我军正是执行了铁的纪律，才铸就了钢铁般的军队，成为胜利之师。"三大纪律八项注意"——人民军队这无往不胜的力量源泉，在新时代强军兴军的伟大征途中，将继续发挥不可替代的重大作用。

本书采用报告文学的方式讲述"第一军规"的形成始末，记录我军由弱到强发展壮大的光辉历史，书写军民团结患难与共的鱼水情深，也是一部人民军队依法治军、从严治军的浩荡史诗。

目 录

引子

★

千里来寻故地

千里来寻故地

滔滔赣江，巍巍井冈；岁月苍茫，世事沧桑。

参天古木隐映下的井冈山山道，一个高大伟岸的身影由远及近，他微笑着漫步在崎岖的山道上，任凭思绪在回忆和现实的时光中穿梭。那些阴晦艰苦的日子，仿佛天边远去的雾霭，而近在眼前的一切又是那么明亮美好。今昔对比，他感慨万千，顿时灵感飘飞，过往的战火烽烟和当下的安详太平都化作美妙的词句：

参天万木，千百里，飞上南天奇岳。故地重来何所见，多了楼台亭阁。五井碑前，黄洋界上，车子飞如跃。江山如画，古代曾云海绿。

弹指三十八年，人间变了，似天渊翻覆。犹记当时烽火里，九死一生如昨。独有豪情，天际悬明月。风雷磅礴。一声鸡唱，万怪烟消云落。

这首名叫《念奴娇·井冈山》的词雄浑大气，豪放不羁，"兴酣落笔摇五岳，诗成笑傲凌沧洲"。它的作者便是毛泽东。

中华人民共和国成立后，毛泽东早就想重上井冈山，但因日理万机，一直无法成行。1965 年 5 月 22 日至 29 日，毛泽东实现了"千里来寻故地"的心愿，心中极为舒畅。井冈山真不愧是南天奇岳，从黄洋界上，他看到一片广袤山峦，古木参天，葱葱郁郁。眼下所见许多新建筑，还有勉励后人的革命纪念亭台，加上一望无际的绿色森林和云雾缭绕的山谷，构成了一幅绚丽的图景，告诉人们大自然尚有如此巨大的沧桑之变，人类社会难道还不发生巨变吗？然而天渊翻覆多不容易，往日风起云涌的斗争此刻在毛泽东脑际浮现。作为诗人的毛泽东，此时此刻，面对此情此景，诗性勃发，他忆往昔、抒豪情，写下这海阔心胸，写下这浩然情愫。

毛泽东重上井冈山的前一天，途经茶陵，住在茶陵县委办公楼。那天晚上，时任湖南省委书记张平化陪同毛泽东散步，毛泽东看到祥和的茶陵县城，感慨地说："当年，我们连茶陵也守不住，什么原因呢？因为部队没有纪律。我们不能像国民党光是向老百姓要东西，我们应该用百分之九十的精力，帮助老百姓搞生产，用百分之十的时间征粮。"

张平化紧接着追问了一句："三大纪律、六项注意在什么地方颁布的？"

毛泽东脱口而出："是在沙田稻田里土岗子上讲的。"

六年后的 8 月 27 日毛泽东又来到长沙，8 月 30 日，毛泽东召见了湖南、广东、广西三省区党政军主要负责人，谈话中再次讲到《三大纪律六项注意》颁布于桂东沙田。

毛泽东确实记得很牢。

他不能不记得牢啊！

他深知纪律是军队的命脉，是统一意志、规范行动、凝聚力量的重要保证。没有铁的纪律，再庞大的武装力量也不过是一群乌合之众，再正确的决心意图也不易完全实现，再精良的武器装备也难以发挥作用。没有纪律作保证的部队，连一个小小的茶陵县城都守不住，日后何以能掌管 960 万平方公里的土地？

第一章

★

三大纪律六项注意

沙田来了一支兵

桂东沙田，一个有着诗意名字的地方，在罗霄山脉的深处，是漫山遍野的杜鹃和莽莽林海围绕着的一座小镇。就是这个偏居一隅看似不起眼的小集镇，却足以在我军历史上留下浓墨重彩的一笔，成为革命圣地。

沙田来了一支兵，说话和气讲公平，
世上哪种军队好，要数工农革命军。

这是我第一次到沙田的时候听到的一首歌谣，在第一军规广场上循环播放着，这也是桂东流传几十年数量众多的红色歌谣中的一首。在我国广大农村，特别是在偏远山区，很多山区人民都喜欢用山歌来表达情感，从老人到小孩，人人都是唱山歌的好手。桂东就是这样，我来这里的次数多了，就时常能听到流传至今的红色歌谣萦绕在山间，回响在田间地头，也奏响在人声鼎沸的广场。

军队到了沙田圩，个个打仗猛如虎；

世上就数红军好，朱德毛泽东陈奇打先锋！

砸烂反动派的衙门，焚毁地主的白契；

废除一切苛捐杂税，朱德毛泽东陈奇打先锋！

打倒土豪分田地，穷人翻身乐融融；

满山满岭红彤彤，朱德毛泽东陈奇打先锋！

这是那首著名的《朱德毛泽东陈奇打先锋》。

还有一首在桂东流传甚广的《当兵就要当红军》：

日头一出满地红，来了朱德毛泽东。

穷人翻身得解放，地主恶霸一夜穷。

农民翻身掌了权，又分房屋又分田。

今日枪毙大恶霸，报了仇来申了冤。

地方恶霸连根拔，穷人做主当了家。

搭帮有了共产党，铁树今日也开花。

这正是当年红军向民众宣传共产党主张时所唱过的歌曲，歌曲意在宣传红军是穷人的军队，形成广大劳苦百姓对工农红军的一种认同感。

当年在桂东，有红军的地方就有红色歌曲，红军和群众之间的深情厚谊，就在这样的一首首歌曲之中体现出来。历史已经远去，然而，这些歌曲却传唱至今。

"山起舞，水扬波，桂东飞出一支歌……"当我再次来到湖南省桂东县沙田镇的第一军规广场时，一首名为《桂东飞出一支歌》的歌曲

坐落在桂东县沙田镇上的第一军规广场全貌

在广场边的大屏幕上滚动播放，吸引了众多人驻足观赏。

我凝望着广场上的标志性建筑——三大纪律八项注意纪念碑。这是一个由碑体和底座两部分组成的花岗岩塔式纪念碑，整座碑的高度为19.28米，寓意"1928年"；底座高4.3米，寓意颁布军规的日期为4月3日。由萧克将军亲笔题写的"毛泽东同志颁布三大纪律八项注意纪念碑"碑名镌刻在纪念碑上，自上而下，刚劲有力。纪念碑的前后左右各有一块巨型浮雕，真实地再现了毛泽东同志在沙田颁布《三大纪律六项注意》的历史事件和沙田圩的人文景观。纪念碑由11根柱子承托碑体，中间3根寓意"三大纪律"，前后8根寓意"八项注意"。纪念碑两侧的雕塑向人们述说着当年发生在沙田的革命故事，朴素而又庄重，它们矗立在第一军规广场中央，也在我心中站成了丰碑。

纪念碑的左后侧是一座雄伟壮观的古建筑，青砖、黛瓦，精美雕花重檐的马头墙翘指苍穹，门前七级石阶，两旁石鼓对峙，牌坊式的青砖宫门上方嵌着一块镶边雕花石碑，上镌有楷书"万寿宫"3字。万寿宫建于清代，为三进厅结构，由戏台、看坪、中堂、后厅、厢房组成。戏台与回廊相衔接，中后厅有木屏障相隔。

我的目光被木屏障上镶嵌着的巨幅油画深深吸引，这幅油画名为《步调一致才能得胜利》。《三大纪律六项注意》颁布旧址纪念馆讲解员刘梦英向我介绍：《步调一致才能得胜利》油画是由彭彬、高虹、何孔德于1974年共同创作完成的，他们三位都是中国人民革命军事博物馆的美术创作员、著名军旅画家，原作收藏在军事博物馆内，这幅画是由广州美院的郑松林教授按同等比例临摹的作品。

油画《步调一致才能得胜利》

这幅油画，生动形象地再现了毛泽东1928年4月3日站立在桂东沙田圩"三十六石丘"田边的土台上，扳着指头向工农革命军和赤卫队员颁布《三大纪律六项注意》的历史情景。刘梦英细致地给我介绍画面中的人物，当介绍到毛泽东身后坐在木箱上手持扁担的人叫龙开富时，我打断了她的话，我说龙开富我知道，他是一直跟随着毛泽东的。

龙开富从井冈山革命斗争时期开始就跟随在毛泽东左右，帮毛泽东挑书籍、文件，中华人民共和国成立后担任过沈阳军区后勤部政委，授少将军衔。他曾跟部下开玩笑说："毛主席的著作不光是主席写出来的，还是我挑出来的。"龙开富是《三大纪律六项注意》颁布的见证者，他回忆当时的情况说：

"我记得沙田圩背后有个沙滩湾，那湾里有些田，位于沙田圩街道不太远的东北方向，我们在那里集合开了会，主席讲了话，说没有纪律不成军队，没有统一指挥就不能打胜仗，然后宣布了三项纪律六项注意。我们开会的地方是在干田里，那后面还有山，有些树林，主席是站在田埂上讲话。

在沙田宣布纪律是在退出茶陵之后，那时有 3 个营，茶陵打开后，纪律很坏。茶陵打开时，缴的东西很多，公家没有要，抢的抢掉了，丢的丢掉了，影响很不好，后来毛主席便在沙田讲了三项纪律六项注意。"

历史上的人物走进画中，而画中的人物又在回忆着历史。

1928 年 3 月 30 日下午，毛泽东为策应朱德、陈毅领导的湘南起义，率领一支工农革命军由井冈山转战进驻了桂东沙田。队伍来到沙田的时候，夜幕降临，天色灰暗，兵荒马乱的年代，村民们见是当兵的来了，由于视线模糊，根本分不清来的是什么队伍，争相逃避，都躲到深山老林里去了。原来，国民党通过反动宣传大肆污蔑工农革命军"见屋就烧、见人就杀、见物就抢"，加上以前来到这里的军队大都是烧杀抢掠，无恶不作。就是在一年前，井冈山王佐的部队到了沙田，也是洗澡不避人，取老百姓的门板和稻草铺床，拉民夫帮着扛行李。

沙田圩地处罗霄山脉南段，为湘赣边界的重要集镇之一。当时有100多间店铺，分上廊、中廊、下廊3条街道。从明朝起开始逢圩赶集，是湘南、赣南和粤北的商贾辐辏之地。

毛泽东举目所及，整个镇子空寂无人。望着曾经繁华的偌大的圩场冷冷清清，家家户户门窗紧闭，门前落锁，他忧心忡忡。

几位腿脚不便来不及走的老人，看到部队入圩后，惶恐不安，躲在门板后面透过门缝往外窥视。有几个战士好不容易找到老人，自我介绍说："老人家，我们是中国工农革命军，是毛师长的队伍，来自工农。"叫老人不要害怕，并询问老乡们都到哪里去了。老人见面前的军人说话和气，态度诚恳，便开始攀谈起来。原来国民党反动派大肆造谣，污蔑工农革命军是"土匪"，见屋就烧，见人就杀，见物就抢，不杀的，也要在"脑门"（即额头）上打一个"火印"，且越久越明，说明你已经从了革命军。凡从了革命军的人，"国军"回来后，就要像以前镇压农民运动时一样打"暴徒"。群众不明真相，非常害怕。当挨户团灶头勇去大岭坳阻击时，国民党的警察把沙田圩的群众都赶进了深山老林或附近村庄隐藏起来了。

毛泽东得知这些情况后，命令打开监狱，释放无辜被押的群众；派人找到地方党组织的成员，亲自了解当地情况，分析现状，大力开展群众工作。毛泽东在井冈山上，就已经知道沙田的工农群众富有革命斗争精神，当年的农民运动开展得轰轰烈烈，"马日事变"后，组建了农民赤卫队，拿起了枪杆与反动派开展斗争，1928年1月，进行了沙田年关暴动。于是，他才决定在沙田住下来，宣传群众、组织群众、发动群众复兴沙田工农革命运动，推动桂东乃至整个湘赣边界的工农武装割据。

当晚，毛泽东在万寿宫召开工农革命军第一团的负责人会议。在会上他提出，要巩固井冈山根据地，就要把桂东拿到手，把桂东作为巩固井冈山根据地的一个前哨。会上决定以班、排为单位组织宣传队，开展各种形式的宣传，消除群众顾虑；发动群众打土豪，分田地，帮助建立工农政权，发展地方武装和做好军队筹款工作。

会后，宣传队按照毛泽东的部署，打着红旗深入乡、村，出告示，写标语，进山喊话，宣传共产党的主张。在农民家里，他们帮助群众挑水、扫地、春米、推磨，见事就做，与群众促膝谈心、交友，消除群众顾虑，建立军民鱼水情。尤其在地方党组织和原来的农运骨干、积极分子的协助下，很快就把那些进行过反攻倒算和民愤极大的土豪劣绅又揪了出来。群众发动起来了，躲在外地及深山老林里的人纷纷回到自己的家中，投入毛泽东亲自领导的沙田农民运动的大潮之中。

很快，沙田一带就传开了这样一首歌谣：

斧头砍断寄生柴，
革命军专打反动派；
工友农友团结紧，
革命胜利来得快！

万寿宫门前的圩坪上有座古朴而又庄重的戏台，戏台至今保存完好，抬头就能看到一副醒目的对联，上联是"旧世界打个落花流水"，下联是"新社会建设灿烂光明"。解说员刘梦英告诉我这副对联还有一段历史。

3月31日，正值逢圩日期。古老庄重的沙田戏台下，挤成了人山人海。毛泽东决定利用这个机会登台讲演。早饭前，毛泽东带着陈奇等几个营、连干部来到戏台前，看到戏台两边各立着一根柱子，对陈奇说："两边柱子上要是贴副对联就好了，你是个秀才，看写什么好？"陈奇来回踱了几圈，忽然高兴地说："有了，上联是'旧的打它个落花

沙田戏台始建于清代。1972年被公布为湖南省重点文物保护单位。1983年10月，根据湖南省人民政府公布的保护范围和建设控制范围，与万寿宫联为一体，修筑了保护性围墙，树立保护标志和标志说明牌

流水'；下联是'新的建设得灿烂光明'！"

毛泽东说："好！不愧是个秀才，对仗工稳，气势不错！不过，依余之见，'旧的'改为'旧世界'，'新的'改为'新社会'更贴切。"

大家齐赞改得好，就这样改成："旧世界打个落花流水，新社会建设灿烂光明！"当即，一副苍劲有力的红纸对联就贴在了戏台两边的台柱上。

圩场周围的墙壁上贴满了"打倒土豪分田地！""共产党是无产阶级政党！""推翻国民党统治！"等标语。

上午10时许，毛泽东健步登台，发表演说。他先问大家：世上什么人最多？穷人多还是富人多？接着，以极为生动而又通俗的话语，讲解穷人为什么穷，富人为什么富的道理，讲述工农革命军的性质和共产党的主张。他指出，中国四万万同胞，大多数是穷人。人多力量大，只要团结起来，革命只会胜，不会败。他号召穷苦工农起来打土豪，

分田地，建立自己的政权，坚决与反动派斗争到底！

　　毛泽东的话句句在理，驱散了对革命还有疑虑的人们心头的乌云，点燃了革命斗争的烈火，每个人都听得心花怒放。回到村里后，人们积极投入了打土豪、分田地的斗争。

　　毛泽东的讲演结束后，工农革命军将用箩筐装着的打土豪得来的衣物钱财挑上戏台，当场分发给群众。

　　同日，毛泽东在沙田万寿宫中厅主持召开了工农兵代表会议。参加会议的有桂东部分区、乡、村的工农代表，地方党组织的负责人，农民赤卫队负责人，以及工农革命军的部分官长。在听取了各地代表的情况反映后，毛泽东对"马日事变"后湖南革命斗争形势做了极为精辟的分析，指出："只有深入发动和组织群众，开展土地革命，建立工农政权和工农武装，才能夺取革命胜利。"并对怎样去争取群众，发动群众开展打土豪、分田地，建立工农兵政权，组织赤卫队等重大事项，做了非常详细具体的讲述。要求把土豪劣绅的土地、财物、粮食等分给农民，解决贫苦农民目前的生活困难，满足农民对土地的迫切要求。他希望大家一定要注意政策，同时批评了湘南特委在此前出现过的乱烧乱杀现象。

　　随后，桂东县工农兵政府在沙田万寿宫成立。根据工农兵代表的要求，毛泽东决定：把中国工农革命军第三营八连党代表陈奇留下来，担任桂东县工农兵政府主席兼中国共产党桂东县委员会书记。陈奇是桂东当地人，也是桂东最早期党组织的创建者。

　　接着，桂东的太平区（今沙田）和里仁区（今四都）相继成立了区工农兵政府。太平区西厢、南厢、北厢和豪里、贝溪、南边、周江、江湾、普乐、东水、蕉源、蛟洲、文昌、龙头、大湖、开山等20多个乡、村工农兵政府和赤卫队逐步建立，农民协会及工商会等群众组织也纷纷成立。在毛泽东亲自领导下，桂东的土地革命运动轰轰烈烈地开展起来。

第二天，沙田附近的村落里，三三两两的村民聚在一起讨论着一个人。那些从沙田赶圩归来的人绘声绘色地谈论着在上廊同益布店门口与一个蓄着长发的外地人谈话的情景。这个外地人，谈了李闯王闹革命，农民不纳粮；谈了蒋介石背叛孙中山；谈了农民打土豪、分田地，牵着土豪劣绅去游街；还谈了工农革命军的主张。他，身着蓝色中山便装和褪了色的蓝布裤，人虽单瘦，却很有精神，个子要高出一般人一个头。讲话时，时而挥手，时而把滑下来的头发理上去。他开始时站在地上讲，看到听讲的人越来越多，就站到凳子上去讲。他讲话声音洪亮，表达幽默有趣，句句说在听众的心坎上，引来阵阵的笑声。

这个讲话的外地人，有人说是中国工农革命军的毛师长，有人说是毛委员。是的，此人正是毛泽东！他在紧张的工作之余，特意来到圩上走走看看，和群众谈心，把革命的道理直接告诉广大群众，因而出现了同益布店门口的热闹谈话场面。他用学来的"老表"这个湘赣边界平辈间的称谓称呼群众，使人感到格外亲切；他用"天下乌鸦一般黑"来形容国民党和各地土豪劣绅都一样压迫穷人，剥削穷人；他用"一根筷子容易折，一把筷子难折断"来比喻团结起来力量大……毛泽东就这样用生动的比喻，深入浅出地向这些老实巴交的山区人讲述革命的道理。大家一听就懂，心悦诚服，特别是毛泽东讲到工农革命军是工人农民的队伍，是为穷苦老百姓谋利益的，不抓壮丁，不打穷人，不调戏妇女，不强买强卖……欢迎"老表"们都来参加工农革命军时，听众更是群情振奋，眼神中流露出热切的向往之情。

4月2日，工农革命军在沙田圩后的晒布堆召开开展土地革命的群众大会。

晒布堆上红旗招展，锣鼓喧天，梭镖林立。沙田一带的工农大众，胸前佩戴着红布条，雄赳赳气昂昂，从四面八方涌进晒布堆的草坪。

人越聚越多，毛泽东在桂东县工农兵政府主席陈奇陪同下步入会场。陈奇宣布会议开始后，毛泽东向近万名群众做了关于开展土地革命的动员报告。他紧紧围绕为什么要开展土地革命和如何开展土地革命的问题进行讲述，并号召广大人民大众在工农兵政府领导下，积极投入打土豪分田地的革命斗争。

在这次大会上，工农革命军把打土豪缴获的铜板、银圆、衣物等分给到会群众；枪毙了给国民党反动派通风报信、杀害革命军战士的反革命分子郭老保；还把几个民愤极大的土豪劣绅揪到台上示众……台下欢呼雀跃，一片欢腾。"打倒土豪分田地！""推翻国民党统治！""中国共产党万岁！"口号声此起彼伏，响彻晒布堆上空。

会后，群众立即行动起来，掀起了土地革命的热潮。有20多个村开展了插牌分田运动。其方法有两种：一种是农民自己将南竹削成牌子，写上姓名、地名、面积，以原耕地为基础，按每人七石二斗左右的谷田插牌，不足的或多余的田，再由村工农兵政府统一调整；另一种也是以原耕地为基础，由村工农兵政府统一制牌、号牌、插牌。在运动中，有人提出不给土豪劣绅分田，还有人要烧掉土豪劣绅的房屋。毛泽东得知后，及时制止了这些过左言行，他开导农民说：田，还是要分，只是不分好田。烧房子有什么用？我们革命，要消灭的是反动势力，是封建思想。房子留下来，还可以办学堂嘛！

在毛泽东的亲自领导和具体指导下，沙田一带的插牌分田运动，进展顺利，成了井冈山斗争时期最早的土地革命实践之一，积累了经验，为1928年12月制定《井冈山土地法》打下了基础。

革命的顺利开展，使毛泽东甚为兴奋。为了夺取革命的最后胜利，解决好革命进程中出现的各种问题，毛泽东殚精竭虑。

4月2日深夜，春寒料峭。窗外星辰闪烁，室内小油灯明了又暗，暗了又明。毛泽东彻夜未眠，反复思考着人民军队的建设问题。

他想到了千百年来农民起义军的兴衰成败，想到了秋收起义后建军的经验教训，想得更多的是中国工农革命军中出现的一些不正常的现象。回想起前不久部队打下茶陵以后，缴获很多，公家没有要，于是抢的抢了，丢的丢了，影响很不好；部队行军途中，宿营时用了老百姓的门板，过后不给人家上好，用了老百姓的稻草，不替人家捆好，群众不满意；部队进入桂东后，在四都还烧过房子；打土豪时，也出现过将老百姓娶媳妇的嫁妆当作土豪劣绅的财物没收了……军队与老百姓、军队与地方，还有官长与士兵之间的关系，烧杀政策和侵犯群众利益的不良倾向，党内"左"倾盲动主义的影响等问题如不加以解决，长此以往，这个"命"肯定"革"不好。想到这里，毛泽东心情很不平静。

他再度挑亮油灯，将前几个月前宣讲过但未系统成文的军队纪律，反复斟酌，逐项修改：将1927年讲过的"不拿群众一个红薯"，改为"不拿工人、农民一点东西"；把1928年元月宣布的"六项注意"第五项"上门板"、第六项"捆稻草"调整为第一项和第二项。最后，正式系统地写下了著名的《三大纪律六项注意》。

4月3日上午9时，工农革命军指战员高举着红旗，整齐威武地集合在沙田圩老虎冲三十六石丘的旱田里，农民赤卫队队员和刚刚组建的少年先锋队队员手持梭镖，身背大刀、鸟铳，站在工农革命军队伍的两旁，旱田周围的小路和斜坡上挤满了工农大众。毛泽东身穿灰布军装，严肃地向部队进行纪律教育。

毛泽东先把他昨晚通宵所考虑的问题告诉给大家，谆谆告诫同志们，无规矩不成方圆，没有纪律就不成军队，没有统一的指挥就不能打胜仗。然后，正式颁布《三大纪律六项注意》，并扳着手指，逐条逐项进行解说。

"三大纪律"是：

一、一切行动听指挥；

二、不拿工人农民一点东西；

三、打土豪要归公。

"六项注意"是：

一、上门板；

二、捆铺草；

三、说话和气；

四、买卖公平；

五、借东西要还；

六、损坏东西要赔。

毛泽东宣布的纪律，深受群众和工农革命军指战员的拥护。

有一天，毛泽东出访回来，在万寿宫旁的沙田戏台下见一衣衫褴褛、面黄肌瘦的老大娘蹲在地下，同情之心油然而生，立即上前去把她搀扶起来，询问情况后，送了两套衣服、一块猪肉给她。老大娘感动得热泪盈眶。

沙田江湾村沃水屋场吴聘贤的儿子吴先林，1927 年随工农革命军三营上了井冈山。这次跟毛泽东来到沙田，父子相见，格外亲热。吴聘贤老人不愿儿子再离开自己，要去找部队长官请示让儿子留下。儿子不同意，父亲仍坚持，致使吴先生心事重重。毛泽东得知情况后，挤出时间，来到沃水屋场，与吴聘贤老人促膝谈心，嘘寒问暖，谈革命，启发老人的阶级觉悟，安慰老人放心让儿子干革命。毛泽东的一席话，让老吴口服心服，他非常激动地表示："我的崽跟着你毛师长，我一百个放心。"

团部一个副官犯了错误，团参谋长很气愤，要打他 30 大板。毛泽东知道后，马上予以制止，说：一个人免不了会犯错误。犯了错误，要批评、教育，不能用刑法嘛。我们共产党的军队对下属、对士兵，不能像国民党军一样耍军阀作风。这使在场的官兵都很受教育，更使那个犯了错误的副官深为感动，马上做了检讨，并表示坚决改正错误。

沙田镇宣传委员郭会权专程带我到贝溪南边村采访69岁的郭国齐老人。郭国齐是1975年入党的老党员，担任过村委会的秘书，虽然满头白发，但依然耳聪目明，我们交流起来非常顺利。在他家老房子门前，郭国齐指着房子说："爷爷和父亲以前经常提到，当时有支工农革命军队伍驻在南边村，就住在他们家里，他们严格遵照毛师长的教导，每天早晨起床后，立即捆好铺草，上好门板，还争着替老百姓挑水、扫地、劈柴，把人民群众当成自己的亲人。"

郭国齐的爷爷叫郭大洪，很早就加入了农会组织，是村里的进步分子。看到革命队伍来了村里，积极配合工作，还将家里仅有的一点大米熬粥送给战士们分着吃。郭国齐告诉我说，爷爷曾经几次讲过，红军开始不喝老百姓送去的茶水和粥，他们有纪律，不能吃老百姓的东西，经过再三反复劝说，红军拿了一些铜板之后才把粥吃完，算是买了老百姓的食物。郭国齐说，队伍在南边村驻扎几天要离开的时候，看到他家十分贫困，还挤出一条棉絮和一床毯子送给他爷爷。

听南边村村主任郭永波说有人在郭国齐家采访有关红军的事，72岁的村民郭任符特意赶了过来。他回忆起以前父母亲时常提起一个场景：那时姐姐郭锁名还很小，才几岁，母亲听说村里过兵，便将家里稍微值钱一点的东西放进一个小木盒里，要姐姐抱着躲到后山去。姐姐刚到村口就遇上了一支队伍，见她抱着盒子，就要她打开看看。放在最上面的那张她父亲郭用仁参加农民协会的证明，顿时让来村做群众工作的革命军队伍产生了亲切感，他们还拿出一块光洋放进盒子，要她赶快回家，不用躲到山里去。郭任符说，后来县里建革命纪念馆征集文物，父亲将那张农协会员证明捐给了纪念馆。

南边村现在都还有人说，自从盘古开天地，从来还没有见过这样好的军队。为了怀念和铭记这支军队，他们还将村前那座当年红军歇过脚的桥翻修后改名为"红军桥"。

沙田圩有一间油糍粑店，住着老张夫妇。出于对这支部队的真情，夫妇俩请一位工农革命军战士品尝了桂东的油糍粑。这位战士三番五次要付钱，老张夫妇不肯收，战士说："不拿工人农民一点东西，是我们毛师长制定的纪律，你不收钱，我不能吃。"老张夫妇脸带满意的微笑，只好把钱收下。

怎么会有这么好的军队？怎么会有像毛委员、毛师长这么好的领导？沙田的群众发自内心地爱戴这支工农革命军。中国工农革命军的桩桩件件事迹，群众看在眼里，乐在心头，深深感到这样的军队才是老百姓自己的部队，纷纷支持自己的亲人参军，跟着毛泽东去干革命。

本书作者曾散在桂东县沙田镇南边村采访郭国齐老人

短短几天的时间，在沙田就有上百名青壮年加入了中国工农革命军。

郭会权向我介绍，说镇里有个叫郭垂乾的退休老干部就是当年参加工农革命军的军人后代，他热爱毛主席在沙田是出了名的，退休后也热心公益事业，造福乡邻。因为有过采访全国道德模范刘真茂的经历，我一下子就意识到，这位叫郭垂乾的老人，肯定是个有故事的人。

在沙田镇政府食堂吃过中饭后，郭会权带我去李家庄郭垂乾家里进行采访。在路上，他向我简单地介绍了这位78岁的镇政府退休老干部。

看我正欲张嘴提问，郭会权手一指，喏，到了。

一进门，只见一对老夫妻正好吃完中饭在收碗筷，见我们到来，他们赶紧又将碗端上来，要给我们张罗吃饭。我们急忙拦住说，我们是吃过饭才来的。

这位看起来可能连70岁都不到的男主人竟然就是78岁的郭垂乾。我坐下来开门见山就说："郭老，听说您光收藏毛主席像章就有上百枚啊，您为什么这么热爱毛主席呢？"

郭垂乾谦虚地摆摆手回答说，毛主席是我们的大恩人，没有毛主席，我们家世代还在给地主家当佃户呢！郭垂乾的父亲叫郭艺清，中华人民共和国成立后在当地任农会主席，母亲是妇女代表。父亲带头在山上开荒种地，带领村民搞生产，1958年还被桂东县授予"劳动模范"称号。郭垂乾告诉我，他父母教育子女的观念是"听党的话，跟共产党走，没有共产党就没有新中国"。

郭老很健谈，话匣子一打开，就滔滔不绝。趁着他喝水的间隙，郭会权忙介绍我此次来主要是想采访"三大纪律八项注意"的事。郭垂乾老人不好意思地笑了笑，讲起了那段往事。

"我小时候听我们这里老人说得最多的，就是当年毛主席带着部队来我们沙田的事，听得多了，也就记得熟了。毛主席是1928年3月底来的沙田，他带来的那些战士跟以往来的那些当兵的不同，不但不烧不杀不抢，还给当地老百姓劈柴挑水，用实际行动赢得了老百姓的心。毛主席的部队在沙田只留了不到十天，离开的时候，沙田的百姓心里都很舍不得，就跟自己的亲人要离开一样。队伍走的那天，很多人都是哭了的。而且，当时也有不少人跟着部队一起走了，我舅舅和叔叔都是那时候走的，跟着毛主席上了井冈山。"

提到这两位长辈，郭垂乾老人一脸的尊敬，他讲起了舅舅的故事。

"我舅舅叫方维，名字和著名的教育家、革命家方维夏只差一个字。方维夏在第一师范的时候是毛泽东、蔡和森他们的老师，可惜 1936 年牺牲在我们桂东。唉，我舅舅也牺牲得早，在井冈山一次反'围剿'的战斗中就牺牲了，成了烈士，再也没回来，以前我母亲说起舅舅的事总是流眼泪。我叔叔叫郭满生，和舅舅一起参军上的井冈山，他分在彭德怀的部队，一次与国民党的战斗中腿部和膝盖受伤，因为部队要转移，中队长交给他两个'袁大头'，要他留在当地养伤。他虽然心里一万个不想离开部队，但是在当时的情况下，像他这样受了伤不能自己行走的伤员，留下来是最好的选择。

"部队走后，他爬到树丛里躲藏起来，想等到晚上再到附近村民家去处理伤口，但还是被国民党搜山的士兵发现了。那几个国民党士兵看了看他，就问他是不是'共匪'，他还没回答，几个人就扑过来在他身上搜了起来，中队长给他留下来养伤的两个银圆自然就被他们拿走了。国民党士兵拿了钱后也不问他是不是'共匪'，踢了他几脚，然后骂骂咧咧地走了，就这么将他放了。

"他继续藏在树丛里一直到深夜，突然一阵狗叫声传来，声音越来越近，好像还有人的脚步声。等着脚步声到了旁边，他这才看清，原来是当地一个老大娘。那个老大娘看到他就问'你是白军还是红军'，他说，我是红军，我受伤了。哦，你是红军，那你是自己人，小伙子不要怕，我会帮助你的。

"我叔叔的腿骨折了,站不起来,又一天水米未进,虚弱得很,老大娘说你先不要动,等我一下。不久拿来两个红薯和一竹筒水给他吃下。我叔叔慢慢恢复了些体力,老大娘让他靠着树坐着休息,等她回去喊人来救他。约一个小时后,老大娘喊来了几个村民,就地砍了两棵树和藤条,做成一副简易的担架将他抬到附近的一个破庙里。老大娘连夜找来了草药帮他将伤口包扎好,要他先在庙里避一避,每天给他送来食物。那个时候到处都条件差,家家户户的口粮也就只有红薯了。

"我叔叔在那个庙里躲了一个星期,等国民党军队搜查得没那么厉害了,老大娘才将他转移到家里养伤。两个多月之后伤口逐渐愈合,才能够慢慢行走。"

郭垂乾听父亲说叔叔郭满生是拄着拐杖回来的。郭满生回到沙田李家庄后,到处打听部队到了哪里,可是没有一个人知道。他只好继续打听,一边盼望着部队的消息,一边继续给地主家做长工,中华人民共和国成立后分了房子和田地,成了家,归队的心思才渐渐淡了下去。但是那段短暂的跟着毛主席闹革命的日子,成了他一辈子的谈资和骄傲。

在20世纪80年代,县里建革命纪念馆,向社会征集历史资料,郭满生将从部队穿回来的衣服捐献了出去。衣服捐出去之前的那个晚上,郭满生郑重地拿出那件衣服来叠了又叠,然后慢慢穿上,将每一粒扣子都扣得紧紧的,坐到天亮,都没动一下。第二天早上脱下衣服,让郭垂乾送去了纪念馆。

在所有的子侄后辈里,喜欢看书、对红军故事感兴趣的郭垂乾最得郭满生的喜爱。郭满生没有后人,郭垂乾一直把他当父亲对待,给他养老,给他送终。在郭垂乾看来,这个跟着毛主席打过仗的叔叔,值得他亲近,更值得他尊敬。

听完郭垂乾的讲述,我在他家里还见到一支红军当年写标语用过的毛笔。郭垂乾说，这支笔是他父亲保留下来的，到现在已经有八九十年了，以后也要自己的子女保管好，这不是一支普通的毛笔，这就是当年的红军精神，要传承下去。

军魂所在，胜利之本。工农革命军颁布《三大纪律六项注意》后，面貌焕然一新。军民关系融洽，军爱民、民拥军，鱼水深情，赢得了百姓的信任和支持，换来了战斗力的显著提升。为了使工农革命军"三大纪律六项注意"的制度真正得以贯彻执行，毛泽东还在部队中专门成立了"纪律检查组"。当部队离开一个地方后，"纪律检查组"的成员就分头到群众中去了解官兵遵守纪律的情况，并及时处理违反纪律的人和事。军队各级领导除经常对广大官兵进行思想教育，讲明执行革命纪律的重要性外，还实行监督奖励机制，对执行好的给予表彰和嘉奖，对违反纪律的则按规定进行处理。

部队将要离开沙田时，派出人员到部队住过的地方进行纪律检查。所到之处，仅在文昌村田心屋场发现一个借用过的水缸渗水，立即照价做了赔偿，并向户主表示了歉意，广大工农大众都为工农革命军遵纪爱民的行为所感动。不久，就流传开了这样一首歌谣：

革命军队纪律严，爱护老百姓，到处受欢迎；
遇事问群众，买卖讲公平；
群众的利益，不损半毫分。

1928年4月5日，在沙田李家祠后面的一片松树林中，工农革命军、桂东地方党组织和赤卫队的负责人，一起专题研究和讨论了关于桂东工农武装的发展和党的组织建设问题，对今后的工作做了周密部署，再次强调要把桂东建成井冈山根据地的前哨。

当日晚上，毛泽东在沙田万寿宫主持召开桂东县赤卫队负责人会议。毛泽东嘉勉了桂东赤卫队，表扬他们在大岭坳反击战中步调一致，机智勇敢的战斗精神，以及配合革命军开展工作所取得的成绩。针对把这支地方武装改编成工农革命军的请求，进行了耐心的说服。他指出，要把桂东发

桂东群众支援工农革命军的担担队

展为井冈山革命根据地的一个前哨，桂东也需要有地方武装。他开导大家说，革命光靠工农革命军还不够，还要有地方武装的配合。他指示对于"前哨"的赤卫队，要配备好枪，要多给子弹。同时亲自将桂东赤卫队命名为"湘赣边游击队"，命令陈奇兼任大队长，郭振声为副大队长。然后，工农革命军给湘赣边游击队拨发步枪16支和较充足的子弹，还拨给100块银圆作活动经费。

湘赣边游击队在桂东县委的领导下，切实遵照毛泽东的指示，很快由原来的30多人发展到400多人，活跃在桂东、汝城、上犹、崇义、遂川等地，与国民党反动派斗争达4年之久，为扩大湘赣边界工农武装割据，保卫井冈山，配合主力红军的反"围剿"做出了贡献，成了一支很有影响的地方武装。

工农革命军在沙田休整了8天后，为牵制粤北敌军进犯，掩护湘南起义部队的转移，毛泽东决定4月6日清晨率部离开沙田，经寒岭界下汝城。

行军至沙田径口时，接到侦察兵报告，寒岭界已被汝城的地主武装重兵把守。寒岭界是桂东沙田通往汝城的唯一通道，位于沙田南部5公里，海拔高度达900余米。这里重峦叠嶂，道路崎岖，林密草深，右边是荷洞坳，左边是老虎垅，与中间的凉亭坳形成品字形，小道两旁石山夹峙，陡如刀削，地势十分险峻，有一夫当关、万夫莫开之势，为历代兵家必争之地。

我站在山间，遥想当年发生在这里的烽火硝烟，这里的一石一木都见证了当年那场胜利，一场极其有纪念价值的胜利。

与桂东相连的汝城县有个叫何其朗的大地主，是势力较大的地主武装头子，横行乡里，还被国民党授予"宣抚团"团长。何其朗获知毛泽东、张子清等率领的工农革命军要进军汝城的消息后，立即带领1000余人的汝城宣抚团在寒岭界构筑工事，进行布防，分别占据了寒岭界左边老虎垅、右边荷洞坳的山头及中间的凉亭坳，并砍下一些大树，横七竖八地置于登山的羊肠小道上，设置路障。同时，他还纠集桂东、汝城的挨户团驻守在寒岭界南麓的石坳、开山、白泥坳一带进行防堵，妄图阻止工农革命军向南进发。

面对敌人已扼守要冲和严防死守的情况，毛泽东立即命令部队原地休息待命，并迅速召集连以上干部紧急会议，研究、制订作战方案。最后决定采取出其不意、攻其不备、避实就虚、正面突击、迂回包围的战术，痛击顽敌，扫清前进道路上的障碍。会后，团长张子清向部队进行战斗动员。他着重指出，这一仗是毛泽东在沙田正式颁布"三大纪律六项注意"后的第一仗，一定要打出工农革命军的威风。要求全体指战员必须遵守军规，做到一切行动听指挥，服从命令，发扬坚决果敢、顽强拼搏的精神，步调一致地去夺取胜利，掩护湘南起义部队向井冈山转移。同时，对战斗进行了周密部署：一营二连担任主攻任务，直取凉亭坳；三营从左翼攻取老虎垅；一营一连和三连从右翼攻占荷洞坳，形成两侧包抄、中间突破之势，击溃何其朗的宣抚团。与工农革命军同行的桂东地方武装——湘赣边区游击队配合作战，并担任向导。

天公作美，上午八时许，山里开始下起雨来，大雾笼罩着寒岭界及附近山头。工农革命军趁着弥漫的大雾，按照战斗部署，迅速向前推进，抵达指定地点，等候攻击命令的下达。战斗打响后，三路队伍同时向敌人发起猛烈进攻。何其朗的宣抚团不知工农革命军的虚实，被这突如其来的枪声弄得晕头转向，胆战心惊。宣抚团很快乱了阵脚，纷纷往后退缩。特别是当他们看到工农革命军从左、右两侧包围过来，退路被截断时，更是惶恐万分，顿时溃不成军，个个争先恐后地逃命。宣抚团损失惨重，漫山遍野都有他们丢下的枪支、弹药及其他军需物资。何其朗见大势已去，也仓皇往广东乐昌方向逃窜。

不到两个小时，战斗结束。工农革命军在无一伤亡的情况下，取得了《三大纪律六项注意》正式颁布后第一仗的全胜。湘赣边区游击队在完成配合作战的任务后，留在桂东等地开展游击斗争，毛泽东则率领主力部队直奔汝城方向而去。

三大纪律六项注意

毛泽东领导的这支中国工农革命军从创建之初，一直征战在湘赣边界地区，大小战役打了不少，但是像寒岭界这样不伤一兵一卒、以少胜多的大捷，还是很少见的。

时光倒流半年多，回到1927年8月这支部队创建之时。

毛泽东是党的八七会议后第一个上山下乡的中共中央政治局候补委员，他受中共中央的委派，以中共中央特派员的身份前往长沙，领导湘赣边界的秋收起义。8月18日，改组后的湖南省委在长沙市郊的沈家大屋召开会议，讨论制订秋收起义的计划。毛泽东在会上着重阐述了枪杆子里面出政权的思想。会议决定要与国民党彻底划清界限，旗帜鲜明地以中国共产党的名义号召群众，并确定集中力量在湘东赣西发动以长沙为中心的武装起义。为便于领导秋收起义，省委确定秋收起义的领导机关分为两个，一个是由各军事负责人组成的党的前敌委员会，毛泽东为书记，作为武装起义的军事指挥机关；另一个是党的行动委员会，由起义地区各地方党委负责人组成，易礼容为书记，负责地方工作。9月初，湖南省委决定9月9日开始破坏粤汉和株萍铁

油画《秋收起义》

路，11日各县起义，16日长沙起义。

这次秋收起义不沿用国民革命军的番号，而将起义部队统一编为工农革命军第一军第一师，卢德铭任总指挥，余洒度任师长，下辖3个团：以原武汉国民政府警卫团为主力编为第一团，团长钟文璋；将安源工人纠察队、矿警队和萍乡等地的农民自卫军编为第二团，团长王新亚；将原武汉国民政府警卫团一个营和浏阳部分工农武装编为第三团，团长苏先骏。参加起义的部队共约5000人。此外，在起义前，还收编了当地的土匪武装邱国轩的一个团。起义部队以夺取长沙为目标，具体部署了各团的行动计划。9月9日，湘赣边界秋收起义按预定计划爆发。参加起义的铁路工人和农民首先破坏了岳阳至黄沙街、长沙至株洲的两段铁路，切断了敌人的交通运输线。

第一团从江西修水出发，向长寿街进攻，9月10日占领了平江县龙门厂。这时混入起义部队的邱国轩部乘机叛变。当第一团路过金坪攻打长寿街时，邱部突然发动袭击，致使该团腹背受敌，损失200多人，步枪200多支，团长钟文璋失踪，被迫向浏阳转移。第二团在安源起义后，进攻萍乡未克，西进攻占了老关、醴陵，又北进占领浏阳。由于部队麻痹轻敌，9月16日陷入优势敌人的包围，部队被打散，部分突围脱险，不少人牺牲。第三团于9月11日在铜鼓起义，胜利占领了白沙镇，9月12日又占领东门市。9月14日，敌人兵分两路包围第三团，该团被迫向上坪撤退。

鉴于三路起义部队均受挫，毛泽东当机立断改变了攻打长沙的计划，并以前委书记的名义通知起义各部队到浏阳县（今浏阳市）文家市集结。9月19日，各路起义部队到达文家市。当晚前敌委员会召开了会议。根据敌强我弱的形势，会议改变了攻打长沙的计划，决定保存实力，向敌人统治力量薄弱的农村中去坚持武装斗争，发展革命力量。9月20日上午，起义部队1500余人离开文家市向南进发。9月23日，起义部队在芦溪镇遭反动军队伏击，损失数百人，总指挥卢德铭牺牲了。9月25日，起义部队冒雨攻克莲花县城。

9月29日，起义部队到达永新县三湾村时已不足千人，而且官多兵少，部队组织很不健全，思想混乱，纪律差。

当时，部队没有建立基层党组织，党不能切实掌握部队；雇佣军队的影响还严重存在；加之作战失利，连续行军，斗争艰苦，一些意志不坚定的人开始动摇。在这种情况下，如果不改进部队存在的问题，不加强党对军队的领导，不仅难以适应艰苦的环境，而且无法完成艰巨的革命任务。为了巩固这支新生的革命军队，适应革命斗争的需要，毛泽东在到达三湾的当天晚上，就主持召开了前敌委员会议，决定对起义部队进行整顿和改编。

师长余洒度召集部队在枫树坪集合，毛泽东站出来讲话，首先鼓舞士气说："同志们！敌人只是在我们后面放冷枪，没什么了不起，大家都是娘生的，敌人有两只脚，我们也有两只脚。贺龙在家乡两把菜刀起家，现在当军长了，我们有近千人还怕什么？大家都起义暴动出来了，一个人可以当敌人10个，10个战士可以当敌人100个，有什么可怕的，没有挫折和失败，革命是不会成功的！"接着宣布"三湾改编"会议精神，组建一支新型人民军队的3项决定：第一，整编部队，把原来的工农革命军第一军第一师缩编为一个团，下辖2个营10个连，称工农革命军第一军第一师第一团。第二，党组织建立在连上，设立党代表制度，排有党小组，班有党员；营、团以上有党委，全军由毛泽东领导前委，从而确立了"党指挥枪"的原则。第三，连队建立士兵委员会的民主制度，实行官兵平等，经济公平，破除旧军雇佣关系。随即，部队开始整编。

在三湾村的枫树坪，毛泽东向部队进一步阐明向井冈山进军的意义，坚定广大指战员的革命信心和意志，同时宣布了行军纪律：一切行动听指挥；筹款要归公；不乱拿群众一个红薯。毛泽东说："我们是

油画《三湾改编》

共产党领导的军队，只有严格遵守这三条纪律，我们才能搞好同山上群众和王佐部队的关系。"这就是三大纪律的开端。

10月3日，起义部队离开三湾村，开始向井冈山进军。

遂川，是一个有着千年历史的古老山区县，位于罗霄山脉南段东麓，是五百里井冈的南大门。1927年10月，毛泽东率领改编后的秋收起义部队，从湖南辗转而来，并从这里登上井冈山。1928年1月，毛泽东率领工农革命军首次占领遂川县城。起初，新改编过来的工农革命军并没有纪律条规。由于部队士兵的成分来源复杂：既有工人、农民、小资产阶级，还有游民及从旧军队中过来的人。在斗争、生活条件异常艰苦的环境下，侵犯群众利益的事时有发生。为了建设好这支革命军队，毛泽东在当时的遂川境内先后作了两次重要的纪律规定。

在上井冈山途中，部队遭到地主武装的袭击，给养没有保证，战士们又累又饿，部分官兵又犯了旧军队的老毛病，行为散漫，不听指挥。当时正值红薯收获的季节，有战士偷吃乱拿老百姓地里的红薯，老乡对此颇有意见。毛泽东看在眼里，急在心里，他认识到，没有铁的纪律，这支部队就没

湘赣边界秋收起义部队集结和向井冈山进军路线示意图

有未来。井冈山革命博物馆原研究室主任李春祥在接受采访时说，毛主席请了一些当地的农民、一些岁数大点的老百姓来开座谈会，了解他们的情况，也是搞农村调查，其中就问到这件事。他说我们的红军同志到你们这里来，给你们做了很多工作，也给你们添了很多麻烦。那些老人就讲，毛委员不瞒你说呀，红军来了确实很好，但是呢，以后借了我们的门板最好给我们上回去，借了我们的铺草，最好给我们捆一下，因为我们各家各户的门板规格不一样，农村嘛，门的样式有大有小，有长有短，有新有旧。

　　毛泽东一听便明白老百姓的意思了。

　　"三大纪律"的雏形早于"八项注意"诞生，并且"八项注意"也是由"六项注意"发展而来的。"三大纪律"和"八项注意"是在历史发展过程中逐步完善修改，最终才形成一个整体共同出现。

　　中央党校进修部原副主任、哲学教授陈瑞生告诉我，他的父亲、时任遂川县委书记的陈正人在《毛泽东同志创建井冈山革命根据地的伟大实践》一文中回忆说："1928年1月，我在遂川城已经听到六项注意了……那时也听到三大纪律。主席很强调六项注意，部队每到一地，都要严格检查六项注意的执行情况。六项注意的每句话，都是老百姓的话，非常通俗、易懂。"

　　踏着先辈的足迹，我来到湘赣交界的遂川找寻历史的遗迹。

　　在遂川指导部队分兵下乡期间，毛泽东又了解到侵犯群众利益的情况还有存在。罗荣桓元帅后来曾讲述过这样一件事："有一次，四班去打一家土豪。这家土豪早跑掉了，留下了搬不走的相当漂亮的房子。""四班长在这家土豪的大门上贴了一张条子，限令土豪在三天之内送来1000元钱，否则，就要将这座房子烧掉。三天过后，土豪并没有把钱送来。于是，班长就领着战士们把这座房子点着了。恰好，这时土豪从外面传话回来说，请不要烧他的房子，钱凑够了就送来。""可是，这座房子已成废墟，只在夹墙里发现了几箩筐已经熏黑的银毫子。"另外，如私藏药铺里的药材、借老百姓的门板不主动归还、睡过的地方不打扫等损害群众利益的事情都让群众很不满意。

1927 年 10 月 23 日，毛泽东率领的工农革命军到达湖南、江西两省的交界荆竹山，与王佐派来接应上山的联络员相遇。也就是在这一天，毛泽东决定把井冈山作为革命根据地。为了能使工农革命军上山后与王佐的部队搞好关系，防止违反群众纪律的事情发生，在部队出发前，毛泽东在荆竹山村前"雷打石"处向部队讲话。

当年在场的老战士陈士榘，后来在《三大纪律六项注意的由来》一文中回忆说："在荆竹山，毛委员首先给我们介绍了身边一个穿便衣的人，他是王佐派来的代表，欢迎我们上山的。接着，毛委员简略地介绍了井冈山的情况，又说：今天，我们就要上井冈山了，要在那里建立根据地。大家一定要和山上的群众搞好关系。要和王佐的部队搞好关系，做好群众工作。""于是，他正式宣布了三项纪律：第一，行动听指挥；第二，打土豪筹款子要归公；第三，不拿群众一个红薯。"这是工农革命军最初正式颁布的"三大纪律"。

为了建设好队伍，1928 年 1 月 25 日，毛泽东召集各路下乡回来的部队，在县城李家坪开大会。根据部队上井冈山以来出现的种种问题，用简洁的语言，首次提出了"六项注意"：上门板；捆铺草；说话和气；买卖公平；借东西要还；损坏东西要赔。要求部队每到一地，都要检查"六项注意"的执行情况。

"六项注意"是毛泽东在领导工农革命军斗争进程中继"三大纪律"之后对军队做出的又一纪律规定，是对"三大纪律"的进一步完善，从思想和行动上要求队伍严守纪律，团结群众。

原属遂川县管辖的茨坪现在是 1981 年设立的井冈山县（后撤县设

市）的政治、经济、文化和旅游接待中心。在井冈山革命博物馆，我见到了该馆编研陈列室主任、研究员饶道良教授。饶教授主要从事井冈山革命斗争历史研究、党史研究、博物馆学研究和井冈山精神宣讲工作，他和我说起当年毛泽东在茨坪的一个故事。

有一次，毛泽东做社会调查后回到茨坪。警卫员知道他还没有吃饭，便兴冲冲地说："我来给你做好吃的哩！"

毛泽东问："那你准备给我做什么好吃的啊？"

"你看！"警卫员指了指一只小水缸。毛泽东打开盖，看见一条鲤鱼在水里摇头摆尾地游着。警卫员把手伸到缸里捉鱼，那鱼扑打着水浪，穿来穿去，抓不住。"我来，我来。"毛泽东卷起袖子，把手伸到缸里，两手对准鲤鱼的头，轻轻一抓，把鱼抓住了。警卫员接过鱼，就向厨房走去。

毛泽东忽然想起什么，问道："慢点！这鲤鱼哪里来的？"

警卫员支支吾吾着，右手使劲摸着后脑勺。

毛泽东见警卫员这样，知道一定是有什么隐瞒的事，紧接着问："到底是怎么来的？"

警卫员傻傻地笑了笑。

毛泽东问："鲤鱼多少钱一斤？"

警卫员回答："没花钱。"

毛泽东又问："快点告诉我，哪里来的？"

警卫员说："村里的一位老公公送的，说送给您补养身体，人家是一番好意，我不肯收，他就是不依。"

毛泽东的脸色骤然变得严肃起来，说："那不行！我们当干部的，应当模范执行纪律，不能拿老百姓的半点东西。"

警卫员见毛泽东生气了，也感觉到不好意思，为难地说："鱼在缸里养了两天啦，这次收了，下次不收就是啦！"

毛泽东坚决地说："不行，群众的东西，一次也不能收，马上把鱼给我送回去。还要代我谢谢他，并且向他表示歉意。"

"送回去，人家会怪我们的。"警卫员说。

毛泽东想了想说道："那就这样吧，称一称这鱼多重，把鱼钱付给群众，并把情况向那位村里的老人家讲清楚。"

警卫员实在是没有办法了，只能按照毛泽东的意思办理。不久，大家都知道了这件事，从中受到很大的教育，表示要向毛泽东学习，不收群众礼物，不要群众一针一线。

还有一次，当工农革命军在一个村子里宿营的时候，两个小战士看见房东家里有一只坛子。一个小战士说："你猜猜，这个古怪的坛子里有什么？"

另一个小战士说："坛子里装的一定是酱菜。"

"酸菜？应该不是的，我猜是米酒。"

"酸菜？"

"米酒？"

两个人争得面红耳赤。最后，他们决定打开坛子看看。两个小战士开启坛子，把坛子里的东西倒了出来，原来是酒，他们便高兴地跳起来说："呀，是酒，是酒！"两人就偷喝了房东的酒。

当毛泽东来的时候，他见到这两个小战士满脸通红，说话带着醉意，就问："你们怎么了？"

小战士见首长询问，得知自己犯了错误，低头沉默不语。

毛泽东再三问他们，才得知实情。毛泽东很生气，有的干部却不以为然："弄点酒尝，是件小事。"毛泽东严肃地说："不，是大事！革命军队，对待人民利益，要做到秋毫无犯。执行无产阶级纪律，就得从每件小事做起！"

当天晚上，毛泽东向全体战士讲话，重申了《三大纪律六项注意》，要求各连、排认真检查一下执行纪律的情况，有违反群众纪律的现象，要马上改正，并向群众赔礼道歉。大家从这件事受到深刻的教育。从此，部队面貌发生了很大变化。

1927 年 10 月，毛泽东领导的中国工农革命军到达井冈山茨坪，从此开创了中国共产党领导下的第一个农村革命根据地。

为了进一步发展壮大根据地，毛泽东率一支部队来到草林，以班排为小队开展宣传，发动群众。一时间，"红军是无产阶级的队伍""红军打土豪不打穷人""取消苛捐杂税""公买公卖"等标语布满大街小巷。

在工农革命军的宣传和实际行动的影响下，群众逐渐改变了对红军的认识，不再相信土豪劣绅的谣言，与工农革命军亲近起来。草林区很快成立了工农兵政府、农民协会，并组织了 600 多人的赤卫队。圩上也成立了木工工会、缝纫工会和工人纠察队。随着红色政权和工农武装的建立，群众斗争日益深入，草林区迅速掀起了以废债毁约、打土豪、分浮财为主要内容的年关斗争。

毛泽东在草林期间，对草林圩上所有的大小店铺都进行了详细的调查和分析，包括老板的政治态度、资本多少、资本来源及封建剥削程度，然后确定打击和保护对象。根据调查的情况，对 16 个由地主劣绅开设的大商号采取了没收办法；对广大的中小资本的商铺则不罚款，不抽税，允许他们自由贸易，合法经营。毛泽东首先下令打掉地主豪绅的反动武装——靖卫团，发动群众打击当地人民深恶痛绝的最大土豪黄礼瑞，没收其全部财产，烧掉其炮楼，并发动群众分其浮财。同时，还砸掉通往圩场路上的所有税卡，取消一切苛捐杂税。

1928 年 1 月 16 日是腊月二十四，山乡传统的小年，也是草林逢圩的日子。农民从四面八方赶来买年货，一些肩挑小贩及外来客商也来赶集。毛泽东在草林万寿宫亲自主持召开群众大会，通俗地阐明了工农革命军的工商业政策，强调反对封建剥削，只是没收地主的财产，对工商业的利益是保护的。如果是地主兼商人，就只没收其封建剥削部分，而商业部分，连一个红枣也不动。对特别坏的土豪必须没收其商店的话，一定要出布告，宣布其罪状。没收来的财物、粮食，尽量发给群众。

由于工农革命军的政策深入人心，市镇上的中小商人不再畏避，纷纷打开店门，摆开地摊，恢复营业，市场气氛日益活跃，大批日用百货通过肩夫商贩不断运往黄坳、井冈山。

井冈山革命根据地的版图日益扩大。

南昌起义

  毛泽东在井冈山开创的革命根据地点燃了"工农武装割据"的烽火。这井冈山上的星星之火，后来燎原了整个中国。

  1927 年春夏之交，蒋介石、汪精卫发动"四一二"政变、"七一五"分共后，轰轰烈烈的中国大革命跌入谷底。从 1927 年 3 月至 1928 年上半年，大江南北被国民党反动派屠杀的共产党人和革命群众竟达 31 万余人，正如《布尔什维克》所指出的，那时"中国要算是全世界最悲惨的白色恐怖的国家"。

  大革命失败的阴霾，大屠杀的腥风血雨，使得全国的革命形势发生了巨大的逆转，中国革命由高潮转入低潮。然而，中国共产党和中国人民并没有被吓倒、被征服、被杀绝。他们从战友的尸体中爬起来，揩干净身上的血迹，掩埋好同伴的尸首，又继续战斗着。

  "时钟、屏风、镜子，蕴藏着'始终平静'的吉祥之意。但让主人始料不及的是，开张 4 年的大旅社，竟成了震惊中外的南昌起义的风暴中心……"走进南昌起义总指挥部旧址——原江西大旅社一楼喜庆礼堂，人们可以听到讲解员这样的解说。南昌起义打响了武装反抗国民党反动派的第一枪，标志着中国共产党独立领导革命战争和创建革命军队的开始。

时间定格在1927年8月1日的深夜两点。

南昌的夜是那么凝重，仿佛一不小心，夜色便要泛滥开来。突然的一声枪响，惊醒了这座熟睡的老城。周恩来、朱德、贺龙、叶挺、刘伯承等指挥各路起义军向驻守南昌的国民党军队发动进攻，经过4个多小时的激战，歼敌3000余人，缴获枪支5000余支、子弹100万余发、大炮数门。起义部队占领了南昌城。

当天上午，在南昌举行了国民党中央委员、各省区特别市和海外各党部代表联席会议，通过了《中央委员宣言》，成立了由宋庆龄、周恩来、贺龙、叶挺、朱德等25人组成的中国国民党革命委员会，通过了《八一起义宣言》等文件，提出了"打倒帝国主义""打倒新旧军阀""实行耕者有其田"等革命口号和政纲。同时对起义部队进行了整编，仍沿用国民革命军第二方面军番号，由贺龙兼任代总指挥。

贺龙在1951年8月1日的《人民日报》上回忆道：记得"八一"南昌起义的前夜，内外情况是异常紧急的，蒋介石在4月12日就在上海举行了反革命的政变与屠杀；5月21日长沙又发生了反革命的政变与屠杀；7月15日武汉的国民党也公开地叛变了革命。而当时中国共产党以陈独秀为代表的机会主义领导集团，在这样紧急的关头，不但没有坚决地去发动群众的斗争以推进革命运动的发展，去回击反革命分子的进攻；相反的，对于反革命却采取了可耻的投降政策，不敢发展农民斗争，不敢武装工农。这样就便利了反革命对革命群众的进攻，使第一次国内革命战争遭受了失败。而毛泽东同志，当时是极力主张放手发动和武装工农群众的。革命者越坚决,越可以制止反革命的进攻,中止中间派的动摇。在毛泽东同志这样的思想基础上，中国人民在中

油画《南昌起义》

国共产党领导之下，第一次独立地拿起了武器，向反革命进行有力的还击。这样就爆发了"八一"南昌起义，和相随而来的湖北农民起义。毛泽东同志亲自领导的秋收武装起义，广东海丰、陆丰的农民起义，广州的十二月起义，以及朱德、陈毅同志所领导的湘南起义，在这些起义中所产生的军队，就组成了最早的中国工农红军，后来又发展成为抗日时期的八路军、新四军和现在的中国人民解放军。

根据中共中央的预定计划，起义部队于8月3日至6日先后撤离南昌，挥师南下，取道临川、宜黄、广昌，直奔广东潮汕地区，准备同富有革命传统的广东东江地区农民起义军会合，发动土地革命，进军广州，恢复广东革命根据地，并夺取出海口，取得共产国际的援助，重新举行北伐。

起义部队在江西瑞金、会昌打破了国民党反动军队的堵截，然后经过福建的长汀、上杭和广东的大浦，于9月下旬占领了潮州、汕头，主力部队经揭阳向汤坑西进。10月初，西进部队和留守潮汕的部队遭到强势敌军的围攻，起义部队大部分被打散，一部分突围到了海陆丰，与当地的农民武装会合；另一部分由朱德、陈毅率领，经赣南、粤北转入湘南，开展游击战争。1928年1月在湘南地方党组织和农民武装的配合下，在宜章举行了"年关暴动"。由于遭到优势敌军的"协剿"，起义部队和农民武装撤出湘南，于同年4月到达井冈山革命根据地。

南昌起义的烽烟早已写进历史，而今的南昌城，中山路上那幢灰色的老式建筑，显得那样的庄严肃穆，院内茂盛的花草树木，散发出一阵阵清新的气息。站在这里，遥想90年前，就是这幢曾经的"江西大旅社"成为领导起义的指挥中心，从此，这座城市成为这支伟大军队的摇篮；从此，这个日子成为这支伟大军队的生日。当年枪林弹雨的中山路上现在行人如织，当年杀声震天的百花洲头现在百花盛开，当年血肉横飞的大土院旁现在商贾云集。我们的人民军队历经沧桑，从无到有、从小到大、从弱到强，已经成为一支无坚不摧、无往不胜的强大的军事力量。

枪声已逝，硝烟尽散，但我们的军旗，却永远高扬。南昌起义在中国革命史上具有重大而深远的意义，它打响了武装反对国民党反动派的第一枪，宣告了中国共产党人不畏强暴、继续坚持革命的坚定决心，体现了中国共产党前赴后继的革命精神，在全党和全国人民面前树立了一面革命武装斗争的旗帜，标志着中国共产党独立领导人民革命战争和创建人民军队的伟大开端。

1933年7月11日，中华苏维埃共和国临时中央政府根据中央革命军事委员会6月30日的建议，决定将8月1日设立为中国工农红军成立纪念日。1949年6月15日，中国人民革命军事委员会发布命令，规定以"八一"两字作为中国人民解放军军旗和军徽的主要标志。中华人民共和国成立后，纪念日改称为中国人民解放军建军节。

南昌起义后，汪精卫急令张发奎、朱培德等部向南昌进攻。8月

3 日起，中共前委按照中共中央原定计划，指挥起义军分批撤出南昌，沿抚河南下，计划经瑞金、寻邬（今寻乌）进入广东省，先攻占东江地区，发展革命力量，争取外援，而后再攻取广州。起义军进至进贤县时，第十师师长蔡廷锴驱逐在该师工作的共产党员，率部折向赣东北，脱离起义军。由于起义军撤离南昌时比较仓促，部队未经整顿，加上酷暑远征，部队减员较多，7 日到达临川时，总兵力约剩 1.3 万人。

起义军在临川休整 3 天后继续南进。8 月 25 日，先头部队到达瑞金县（今瑞金市）壬田以北地区。这时，驻广东的国民党军第八路军总指挥李济深，调钱大钧部 9000 余人，由赣州进至会昌、瑞金地区，并以一部前出至壬田，阻止起义军南下；又调黄绍竑部 9000 余人由南雄、大庾（今大余）向雩都（今于都）前进，支援钱大钧部作战。在这种形势下，中共前委决定趁钱、黄两路兵力尚未完全集中前实施各个击破。当日，起义军向壬田守军发动进攻，歼其一部，于 26 日攻占瑞金县城。接着，集中兵力进攻会昌的钱大钧部主力，激战至 30 日，攻占会昌县城。两次战役歼钱大钧部 6000 人，缴获枪 2500 余支（挺）。起义军伤亡近 2000 人。9 月初，起义军一部在会昌西北的洛口地区击退黄绍竑部的进攻。会昌战斗后，起义军陆续折返瑞金，改道东进，经福建省长汀。22 日，第十一军第二十五师占领广东省大埔县三河坝，主力继续南进，于 23 日占领潮安（今潮州）、汕头。在此期间，李济深令钱大钧残部牵制第二十五师，令黄绍竑部经丰顺进攻潮安，令陈济棠、薛岳部 3 个师 1.5 万余人组成东路军，由河源东进，追赶起义军主力进行决战。

根据上述情况，中共前委决定，第二十军新建的第三师随革命委员会驻守潮汕地区，集中主力 6500 余人迎击东进之敌。9 月 28 日，起义军主力在揭阳县山湖（玉湖）附近地区同东路军遭遇，将其击溃，继而向汤坑（今丰顺县）推进，在汾水村地区与敌再次激战，至 30 日，起义军伤亡 2000 余人，无力再战，遂向揭阳撤退。是日晚，黄绍竑部攻占潮安。10 月 3 日，起义军主力在流沙（今普宁市）与由潮汕撤出的革命委员会会合，继续向海丰、陆丰地区撤退，在经过流沙西南钟潭村附近的莲花山时，再次遭到东路军的截击，激战不胜，部队大部溃散。革命委员会和起义军领导人分散转移，余部 1300 余人进入海丰、陆丰地区。驻守三河坝的第二十五师，在遭受钱大钧部重大杀伤后，向潮安转移，10 月 5 日在饶平县境同由潮汕撤出的第三师一部会合。

此后，这两支部队在朱德、陈毅率领下，转战闽粤赣湘边界一带。

朱毛会师

南昌起义军余部只是在上层领导机关和军官中有少数党员。在士兵中，除了少数连队外，一般连队还没有党团员，党的组织机构也很不健全，因此，党的工作不能深入到基层和士兵中去。如何加强党对这支濒临溃散的部队的领导，使革命的火种得以保存下来，是当时面临的最紧迫的问题。

朱德同志在《从南昌起义到上井冈山》的回忆中提到，在南昌起义失败后，他率领起义军余部上井冈山和毛主席会师之前，在赣南地区进行了三次整顿，即天心整军、大余整编和上堡整训。这三次整顿，对部队的生存和发展起了重要作用。《朱德选集》第359页中写道：我们经过这次整军，部队走向统一团结，纪律性加强了，战斗力提高了，为后期的革命奠定了基础。

安远县天心圩，东临会昌、寻乌，西接信丰，北邻赣县，是长江流域与珠江流域间的咽喉通道和交通要塞。

南昌起义军于1927年10月21日到达安远县天心圩。当时起义军各部之间不但失去联系，更重要的是失去了与上级党组织的联系，情况非常复杂，军队思想混乱，组织纪律性差。部队进入山高路险的山区，由于不断行军，饥寒交迫，加之给养、药品奇缺，导致一些革命意志薄弱的人悲观失望，失去了坚持斗争的信心，不久，他们相继离开了部队。而当地群众因受了反面的宣传和恐吓，怕接触起义部队。为了应对敌军的尾追，起义军急需群众支持配合，急需给养和休整。

这支部队抵达天心圩时，只剩下千余人了。而当地群众由于对起义军不了解，大都关门闭户。于是，朱德立即命令部队退出圩镇，就在镇外的河滩上点篝火宿营。面对复杂困难的形势，朱德经过反复思索，喊来了周士第和李硕勋，对他们说："请士第、硕勋同志分头去上海和香港，寻找党中央，汇报起义军所剩部队的当前情况，并请示下一步的行动。"当时周士第任起义军第二十五师师长，李硕勋为第十一军第二十五师党代表兼政治部主任。他们日夜兼程，风餐露宿，分别赶往上海、香港向党中央汇报了南昌起义军在赣湘粤边艰苦转战的情况。

朱德送走了周士第和李硕勋，第二天，就召开排以上干部大会。在干部大会上，朱德严肃地说："同志们，我已派你们的师长和党代表执行任务去了，现在，有些问题要跟大家讲一讲。大家知道，大革命是失败了，我们起义军也失败了。但是，我们还是要革命的。大家要把革命的前途看清楚。1927年的中国革命，好比1905年的俄国革命。俄国在1905年革命失败后，是黑暗的，但黑暗是暂时的，到了1917年，革命终于成功了。中国革命现在失败了，也是黑暗的，但黑暗也是暂时的。中国革命也会有中国的一个1917年。只要能保存实力，革命就会继续有办法，你们应该相信这一点。"朱德越说越激动，他咳嗽两声，紧接着又说："革命靠自觉，强扭的瓜不甜。要革命的，跟我走；不革命的，可以离开，不勉强。不过，我还是希望大家不要走，我是不走的。

我就是只有十支八支枪，还是要革命到底的。"

坐在中间的陈毅随之鼓掌，他站起来表示坚决拥护朱德的讲话，并说："一个真正的革命者，不仅经得起胜利的考验，能做胜利时的英雄，也经得起失败的考验，能做失败时的英雄。"

之后，朱德脑子里又酝酿了一个整军计划。为了安定民心，朱德下达了一系列的命令。他命令部队不要进圩镇，一律在河滩上宿营，并宣布纪律，不得打扰居民，不得侵犯群众利益。

朱德来到部队中间，风趣地对大家说："正好利用清澈的河床大浴盆洗澡洗衣，理发修胡子，焕发一下革命精神。"他一边派战士刷宣传标语，如"革命军队为民众""打倒军阀""打倒土豪劣绅""为工农大众谋利益"，一边动员官兵为群众做好事。尽管部队药品奇缺，还是派出卫生员为群众看病给药，安排士兵为圩场打扫卫生，帮助干农活。朱德身先士卒，一口气为3户农民挑了15担水。当人们耳濡目染部队做的件件好事，慢慢改变了看法。原来躲藏不敢露面的群众，纷纷出来接近部队，不少人还送来柴米蔬菜。此时，朱德不失时机地对当地的土豪劣绅进行重点打击，为受害群众出气，还把一些财物救济了贫困农民，群众十分感动。

经过天心圩的思想动员和整顿，许多人心中又燃起了希望之火，部队得以初步稳定，于是继续西进。这就是"赣南三整"之一的"天心圩整顿"。

到了10月底，朱德率部抵达赣粤边境的大余时，决定利用粤桂湘军阀混战，无暇追击起义军的时机，对部队进行整编。为此，大余整编时，对党、团员进行了重新登记，并且吸收了一批表现好的指战员入党，调整了党、团组织机构，将全军56名党员组成了一个党支部。通过把一部分党、团员分配到各个连队中去，并选派一些优秀党员到基层担任指导员，从而加强了党在基层的工作，党对连队这样一个基层作战单位的领导就大大加强了。

11月初，起义军到达江西崇义县的上堡。南昌起义留下来的这支队伍，真正开始新的整训就是在上堡。起义军从南昌起义后，经过三个月的行军和作战，直至转到上堡后，才算稳住了阵脚。部队利用这一时机进行了整训。这时的任务已开始转变，由行军打仗改变为深入农村发动群众，打土豪、分财物。纪律问题就开始显现出来了。当时，湘、粤军阀之间重新开战，无暇顾及起义军余部。朱德抓住这一有利时机，又对部队进行了一次整训。

驻在上堡的部队成分复杂，部队里还严重存在旧军队的不良习惯，军纪很坏，在信丰时还发生过抢劫民财的事件。朱德和陈毅的指导思想很明确："我们是共产党的部队，没有过硬的纪律是绝对战胜不了敌人的。""我们的军队靠人民提供兵源，靠人民提供军需。没有人民，我们将难于生存。"上堡的军纪整顿，主要是联系实际，进行思想教育。要建文明之师。部队营房要打扫干净；晚上不准随便走动；对群众说话和气，空余时间帮群众做好事；买卖公平。最突出的是第一次提出"募款和缴获全部归公"，组建没收委员会，处理募捐和没收的财物。

一天，上堡农民李荣隍提着泥鳅去贩卖，在街上巧遇朱德的勤务兵。勤务兵有礼貌地拦下李荣隍，然后请示朱德是否要买点泥鳅。朱德当时正在军中大力宣传以民为本、公平买卖，这件事给了他一个以身作则的机会。朱德当即表示买3斤，李荣隍一手交货，一手拿钱，6个银毫分文不少。起义部队买卖公平的消息传遍了上堡。"朱德的部队很文明，士兵买东西都按价给钱，连买一块豆饼都不少分文。"百姓的口碑是最好的宣传，上堡街的商业很快繁荣起来，百姓们开始亲近这群乐于助人、说话和气的官兵。

部队还通过演文明戏，组织发动群众，打土豪、分财物。有一天，上堡圩日，起义部队在街中心的古戏台召开群众大会，开始由部队演出文明戏。演完戏，即由两个战士押着上堡街上代理官府征收屠宰税的张世贯走上戏台，由另一个战士根据调查的材料，代诉了张世贯的种种罪行。台下群情激昂，纷纷上台揭露张世贯横行霸道的罪恶事实。最后，由部队战士给张世贯戴上纸高帽，帽上写有"打倒土豪劣绅""取消苛捐杂税"字样的标语。朱德、陈毅在大会上讲了话。他们说："八一起义后，我们有了自己的军队，只要大家团结起来，就一定能够打倒欺压百姓的地主豪绅，打倒国民党反动派。"这次大会后，上堡农民的积极性迅速高涨。在部队带领下，先分了地主豪绅肖义煌、肖义权、肖义玉的粮食和财物，宰了土豪李和庚家一头耕牛。部队党组织还根据农民在斗争中的表现，吸收上堡农民邓邦俊、王治发、李科文等为中共党员。

上堡圩南面隔河一里许的莲塘湾也是个大屋场，住着上堡大姓之一的吴姓几十户人家。住户集中，也有两座祠堂，方便安排部队，这里驻扎了两个连队的战士。该地视野开阔，能够观察正源、良和方向和赤水、玉庄方向的敌情。驻地的战士在那里向群众宣传，讲打仗不光是为扩大势力、占地盘，兵士也不是为填饱肚子而打仗，而是要保护群众，为人民打天下的道理，发动群众闹革命。他们利用白粉墙写标语、口号，写即兴诗文。至今祠里祠外还留着"红军万岁""红军官兵平等""红军不打红军、穷人不打穷人""打土豪分田地""打倒列强"等墨迹。

有名的"上堡整训"，为部队制定了群众纪律——不损害老百姓的利益，学会做群众工作；制定了经济纪律——打土豪，募款和缴获都要归公，规定只有没收委员会才能没收和处理财物；制定了军事纪律——要绝对服从指挥。特别强调了干部要以身作则，人人都要自觉遵守纪律，并严肃处理了几个严重违反纪律的不良分子。朱德、陈毅作为这支部队的领导人，他们和士兵一样吃大锅饭，行军的时候和士兵一样肩上扛着步枪，有时还搀扶伤员、病号。他们的一言一行，给全体指战员起了很好的表率作用。让部队战士感受到"军民一致、官兵一致"的民主气氛。部队战士也更加严守纪律、讲规矩，借了门板要上好，用了稻草要捆好，祠堂打扫得干干净净，入夜即睡不走动，说话和气，常帮老人到码头上挑水，密切军民关系。

当时在部队，也加强了军事训练，每隔一两天上一次大课，小课则保持天天上。为了适应客观要求，当时已经提出了新战术问题，主要是怎样从打大仗转变为打小仗，也就是打游击战的问题，以及把一线式战斗队形改为"人"字战斗队形等。当然这仅是萌芽，关于游击战术以至整个战略问题，还是后来由毛主席系统地、完善地解决的。

经过这次整训，部队走向统一团结，纪律性加强了，也提高了战斗力。

1927年底，部队转战到湘赣边界的汝城境内，当地有个叫万和堂女主人的刘桂凤是地方女侠，她很快就接受了朱德的影响和教育，倾向革命，后来居然和朱德义结盟谊，在水北湾老桂花树下依传统规矩立下"金蓝谱"，和朱德结盟，以姐弟相称。刘桂凤和丈夫开酒店、茶店、客店，还开赌博店。这些店最能接纳地方豪杰和八方来客。她丈夫还游走江西湖南各地采买货物。万和堂既便于联系群众，又便于探听各路消息。多亏刘桂凤探听虚实，朱德才到梅隔打土豪，筹军需，没收梅隔乡绅、木头商人李和庚的耕牛和其他财产，解决部分军需，还分了些给贫苦穷人，激发了群众的革命热情。她通过师徒关系让谢世骙结识了朱德、王尔琢，为他日后组织梅隔农民暴动打下了思想基础。11月28日，朱德带领教导队50多名士兵去湖南汝城和范石生谈判。刘桂凤谙熟汝城一带的人情事故，她借回娘家的机会也随朱德一同前往。在濠头遭遇汝城"宣抚团"团长何其朗的心腹朱龙奴纠集的百多人地主武装包围，企图活捉朱德。据传，正是刘桂凤急中生智，要朱德装扮成"伙头兵"脱险。

　　部队在朱德、陈毅的率领下由汝城往西转移。1928 年 1 月 12 日，在中共宜章县委的紧密配合下，智取宜章县城取得成功，发动了宜章年关暴动，揭开了轰轰烈烈的湘南起义序幕。通过湘南起义，部队得以扩充，这支转战于闽粤赣湘边界一带的队伍最后保存了 800 余人，在毛泽东的策应下进驻了井冈山。

　　越过风云激荡的历史时空，井冈山这块革命根据地，在砻市这个偏僻的山区小镇发生了一起惊天动地的重大历史事件——朱毛会师。

　　1928 年 4 月 24 日这一天，毛泽东率领的秋收起义部队和朱德率领的南昌起义余部及湘南起义农军，在宁冈砻市胜利会师。两位巨人在龙江书院亲切会见，随即畅谈"文星阁"，商议建军和中国革命大计。时年，毛泽东 35 岁，朱德 42 岁。为了共同的信仰和目标，一个湖南汉子、一个四川汉子，相约聚首龙江畔，联袂雄踞井冈山，演绎出中国革命一幕幕威武雄壮的波澜历史。

　　朱德和毛泽东会合之后，按照中共湖南特委的决定，两支部队被统编成一个军，名为"工农革命军第四军"。朱德任军长，毛泽东任党代表，王尔琢任参谋长，下辖 3 个师。工农革命军成立一个月后，根据中共中央"在割据区域所建立之军队，可正式定名为红军，取消以前工农革命军的名义"的通告，根据中共中央在写给前敌委员会的信中的指示"关于你们的军队，可以正式改称红军"，1928 年 6 月，"工农革命军第四军"正式改称为"中国工农红军第四军"。毛泽东和朱德领导的中国工农红军第四军，是中国革命史上第一支红军。

　　朱毛会师，意义非凡。在中国革命的低潮中，朱毛会师高举起一面坚持斗争、雄踞井冈的鲜艳夺目的大旗，坚定了大家对革命的信仰，为中国革命带来了希望。

　　粟裕同志在《激流归大海》一文中有记载："井冈山会师，具有伟大的历史意义。它不仅对当时坚持井冈山区的革命，而且对以后建立

油画《朱毛会师》

和扩大农村革命根据地，坚决走农村包围城市的革命道路，推动全国革命事业的发展，产生了极其深远的影响。"

毛泽东在《井冈山的斗争》中写道："四月朱、毛两部及湘南农军退到宁冈，再开始边界的割据""于是才有四月至七月四个月的各次军事胜利和群众割据的发展"。

"革命雄师会井冈，集中力量更坚强。红军领导提高后，五破围攻固战场。"这是朱德1957年留下的咏诵"朱毛会师"的诗句。

从此，中国革命举起了新的旗帜，开始走出谷底。

井冈山革命根据地从创建开始，就处在国民党长期的军事"围剿"和经济封锁之中，国民党部队大肆抢夺粮食，恣意破坏生产，试图把革命军队困死在革命的摇篮中。部队的物资异常匮乏，一粒子弹、一个铜板、一根棉丝，都显得那么珍贵。

红军和根据地老百姓的生活异常艰苦。毛泽东1928年11月在写给中央的报告中说："现在五千人的冬衣，有了棉花，还缺少布。这样冷了，许多士兵还是穿两层单衣。好在苦惯了。而且什么人都是一样苦。"

冬天，井冈山上格外寒冷，红军战士没有棉衣和棉被，只有两层单衣和薄薄的线毯。在生活上，每人每天只有五分大洋的油盐柴米钱，吃的是粗糙的红米和没油盐的南瓜汤，晚上没棉被，就靠盖稻草取暖。

毛泽东在上井冈山当年的冬天，就指示工农革命军在桂东的桃寮和根据地内的茨坪办起了被服厂，用打土豪得来的棉花、布匹自己生产军服。

一天，部队发下新棉衣，毛泽东领了新棉衣回到八角楼，来到房东谢槐福的面前说："你一家5口人，没有一件棉衣，你就把这件棉衣穿上吧！"

谢槐福打量毛泽东浑身上下，见毛泽东身上只穿了3件单衣，想起毛泽东寒冬的晚上只披着一件线毯，还经常工作到深夜，怎么也不肯收下新棉衣。

毛泽东反复给谢槐福做工作，劝他收下棉衣。

谢槐福说："毛委员，还是你穿吧！你为革命，天天熬夜工作，一定要注意保暖啊！你的身体就是革命的希望啊！"

毛泽东说："你们这么大的家庭，一件棉衣都没有，怎么过冬嘛！这件棉衣你穿起，等革命胜利了，我们每个人都有棉衣穿。"

谢槐福再三推诿，毛泽东又再三把棉衣披在他的身上。谢槐福见毛泽东这样关心自己，泪水一涌而出，这才穿上了新棉衣。

关于毛泽东在井冈山时期关爱士兵、爱护群众的故事数不胜数。记得红四军从井冈山浩浩荡荡地挺进到东固山的时候，东固山的群众敲锣打鼓地欢迎，村村寨寨杀猪宰牛，盛情犒劳红军战士。

"毛委员来了！毛委员来了！"东固山的村子间欢声雷动。

第二天，毛泽东在警卫员的陪同下，走进一家人家的屋内。

这农舍十分简陋，四面通风，里面住着一名二十七八岁的妇女，身边带着两个不满十岁的小男孩。

毛泽东走进农舍，环视了一下，关切地问："你是东固革命军第七纵队党代表和参谋长赖经邦烈士的妻子吧？"

妇女望着眼前陌生的客人，点了点头，用手理了理额前凌乱的头发，回答："是呀，我叫傅伏娇，请问你们是？"

警卫员连忙笑着说："大嫂，毛委员特意来看你。"

妇女身边的两个小男孩听说是毛委员，喜出望外。

毛泽东轻轻地抚摸着孩子的头，亲切地问道："告诉伯伯，叫什么名字呀？"

两个孩子抢着回答："我叫赖厚升。"

"我叫赖鹏。"

毛泽东会心地笑了笑说："你们的爸爸是我的好同志，是我们党的好同志哟！"

傅伏娇连忙端了一条长条旧木凳请毛泽东坐，她要向毛泽东诉说积压在心头的悲愤。她用有点沙哑而又有些颤抖的声音激愤地说："敌人杀了我的丈夫，还把我的房子也烧光了。多亏组织上照看。我如今虽然拖着两个孩子，生活上的困难，总算还能克服。"

毛泽东听了烈士妻子的诉说，沉默了片刻后，吩咐警卫员拿来了30块银圆。他亲手将银圆交给傅伏娇，并再三嘱咐："以后生活上有什么困难，要及时向组织上反映，不要苦了你和孩子哟！要好好把这两个孩子带大，这是烈士的后代，也是革命的希望啊！"

毛泽东离开了农舍，傅伏娇和孩子们久久地站在家门口，望着毛泽东渐渐远去的背影。

尽管东固地区的人民群众自愿地把自己家里的粮食拿出来支援红

军，但毕竟因人多粮少，不能满足红军的需要。3万多红军集中在东固地区，缺乏足够的粮食供应，生活极度困难。

在这种情况下，朱德没有因为自己是总司令而享受特殊的政策，而是和广大指战员们同甘共苦。朱德回忆说："我们住在东固很苦，没有粮食，就拿笋子来充饥。"当时在红三军任第二十六团团长的李聚奎曾回忆："朱总司令组织一军团团以上干部前来我团参观，由于缺粮食，我们不知用什么来招待这个百余人的参观团，只好发动大家一边挖工事，一边拔竹笋摸田螺，把仅有的一升多米掺上竹笋、田螺煮来请大家吃。我盛了一碗给朱总司令，朱总司令还说蛮好吃。实际上哪有什么好吃呢，百余人一升米，又没放油又没放盐。"

为了帮助群众恢复和发展生产，克服经济困难，毛泽东、朱德于1931年5月5日发布了《动员部队帮助群众插秧耕田的训令》：

（一）敌人长期进攻苏区及红军，大施抢粮食拔去秧苗使农友马上缺食不能耕种及将来无秋收希望这种卑劣残毒手段，我们应立即动员打破他这一政策，使苏区所有田土按时耕种完毕，求得第二次大战胜利前的工作必要条件。

（二）苏区群众多数动员在作战中做放哨、侦探、运输等工作，所有田地不能按时下种，必然会影响作战及秋收食粮。我们全体红军在不妨害作战及警戒时，理应立时派大批能栽秧耕田的同志，在各住地帮助农友栽秧耕田，务于最短时期中将苏区所有田地栽完种完，以便作战及秋收食粮有着。

（三）红军帮助栽秧耕田全是一种应尽义务。不要吃农友的饭及任何酬报，并且要十分和气，不得有不好态度对待农友。

（四）若遇有白匪骚扰不能栽秧的地方，应派兵游击掩护栽种完毕。

（五）预防青黄不接时，理应早为筹备各种蔬菜瓜类及豆麦等类，以应急需。

（六）各级战斗员指挥员应将此种工作视为作战中之一种重要任务，如能按期做到耕种完毕，是二次战争首先胜利之一。务祈全体动员努力此一工作，但绝不能妨害作战。

（七）帮助工作时应与乡苏及村苏商同办理，此种工作才不致帮助在富农家里。

留下来当红军

毛泽东、朱德联合发布的《动员部队帮助群众插秧耕田的训令》是针对专门事项发布的一则训令。工农红军的步伐一路向前，走过大江南北，对纪律的要求也在不断丰富发展。

1929年1月，为打破湘赣两省国民党军对井冈山革命根据地发动的第三次"围剿"，毛泽东、朱德率领红四军主力撤离井冈山，进军赣南闽西。6月10日，红四军由闽西旧县北上新泉进行休整，准备第三次攻打龙岩城。

红四军之所以选择新泉作为休整的落脚点，除了因为这一带的群众基础好，粮食也比较充裕外，主要是看中了新泉三面环水一面依山、水陆通衢的独特地理优势。此外，集镇中连南河畔还有多眼温泉，可供红军官兵们洗澡。参加过新泉休整的开国上将萧克曾回忆："新泉的温泉使战士们尽情地享受大自然的恩赐，泡在温泉里嘻嘻哈哈无所不谈，洗去了长期征战的疲劳。"

一天，毛泽东、朱德、陈毅等人走到连南河畔，看见不少红军战士脱得光溜溜的正在温泉里洗澡，岸上路过的当地群众特别是妇女们只好羞涩地扭头走开。毛泽东眉头紧锁，对朱德说："我看井冈山定的'三条纪律六项注意'，应该加上'洗澡避女人'这一条。"

朱德点头表示赞同。这时，陈毅联想到一些红军战士有随地大小便的陋习，便补充道："再加上一条'大便找厕所'。"

第二天，红四军政治部向全军官兵重申纪律，并在"三条纪律六项注意"后特意增加了两项注意，即"大便找厕所""洗澡避女人"，逐渐形成了最初的"三大纪律八项注意"。此后，毛泽东、朱德在革命实践中对六项注意做了修改，把第六项改为"损坏东西要赔并须爱护公物"；增加"七、不得胡乱屙屎；八、不搜敌兵腰包"两项，使之发展成为八项注意，并写进《红军士兵会章程》。

1930年5月中旬，中共中央在上海召开全国红军代表会议，讨论红军的战略战术、党的工作和政治工作等。毛泽东因不能离开红四军，前委派四军军委代理书记熊寿祺出席会议。熊寿祺在会上做了《红军第四军状况》的报告，其中提到："关于军纪方面，非常之多，重要的有两项，第一是三条纪律，这是四、五、六军及闽西、赣西南各地赤卫队共同用的政治纪律：一、不拿工人、农民、小商人一点东西。二、打土豪要归公。三、一切行动听指挥。这三条纪律，任犯一条都非常严重的。目前四军执行的程度，虽不甚好，但还勉强过得去，大体上是没有谁敢犯这个的！其次是六项注意，这是针对着平常行军宿营时提出的纪律，经过长时期的督促与训练，才完全的办到了。这六项注意办好了，四军对于群众的影响非常之好：一、上门板。二、捆禾草。三、讲话和气。四、买卖公平。五、借东西要还。六、损坏东西要赔。"由于当时战乱，信息不通，熊寿祺在全国红军代表会议上汇报的还是没有完善的"三条纪律六项注意"版本。

1931年，红一方面军总部对"三条纪律八项注意"又做了进一步修改。三条纪律中的"一切行动听指挥"，由第三条改为第一条；八项注意中的"不得随便屙屎"改为"不随便大便"。至此,"三大纪律八项注意"基本形成,并作为军规在红军的几支主力部队中严格执行。

红四军在闽西转战期间,曾到过永定县坎市。一天晚上,朱德和红四军司令部住进了坎市镇上一个名叫裕源店的商铺。只见店铺里那些并不白净平整的墙壁上,留下了许多红军指战员书写的宣传语。其中一条,特别引人注目:

红军纪律最严明,要护工农们,大家的责任。买东西要公平,保护小商人,工农与兄弟,劳苦更相亲,说话要和气,开口不骂人,工农贫民劳苦群众个个来欢迎。出发和宿营,样样要记清,上门板,捆禾草,房子扫干净,借物要送还,损坏要赔人,大便找厕所,洗澡避女人。三条纪律,八项注意,大家照此行。

我在采访过程中,见到了以上这段标语的照片。据考证,这幅标语是迄今为止所发现的最早反映"三大纪律八项注意"的文字记载。它本来完好无损地保留在裕源店的墙壁上,遗憾的是,在1998年那场突如其来的洪水中,这座百年老店轰然倒塌,只留存下来这幅标语的照片成为历史见证。

毛泽东当时制定的"三条纪律八项注意"语言通俗,是些既简单又好懂的短句,主要是考虑到红军官兵中文盲太多的缘故。后来根据形势的发展和人民军队建设的实践经验,逐步将"不拿工人农民一点东西"改为"不拿群众一针一线",将"打土豪要归公"改为"筹款要归公",后又改为"一切缴获要归公",将"上门板""捆铺草",改为"不打人骂人""不损坏庄稼",将"洗澡避女人"改为"不调戏妇女",取消"大便找厕所",增加"不搜俘虏腰包",后又改为"不虐待俘虏"。

这新增加的最后一项"不搜俘虏腰包"对于创建之初的红军壮大

队伍起到了积极的促进作用。红军在革命斗争过程中对群众犹如亲人，对待俘虏也是严格执行"三大纪律八项注意"的军规，对被捕的敌人宽容以待。在红军的感召之下，很多俘虏都参加了红军。

1928 年 11 月，毛泽东在报告红四军的状况时指出，虽然秋收起义和南昌起义的人员是部队的骨干，但人数已远不如边界农民和俘虏兵多，且"后二项中又以敌军俘虏为多，设无此项补充，则兵员大成问题"。据不完全统计，前三次反"围剿"战争中，红军共俘获敌军约 19.8 万人。这些拿过枪、受过正规军事训练的俘虏，对红军无疑是极好的补充。

1929 年 2 月，湘赣边区负责人杨克敏在报告中说道："每次俘虏一些士兵，首先问他们愿不愿在此地，愿则留，不愿则去。分别了去留之后，然后召集愿留的士兵，开欢迎新兄弟的欢迎会，去训练他们，同时派军中得力同志随时去和他们作个别谈话，所以俘虏兵一到我们军队里来，好似铁入洪炉一样，马上就熔化了。"

杨至成将军亲身经历的和一个俘虏兵之间的故事就是红军善待俘虏的生动体现。

杨至成是红四军二十八团一营四连连长，1928 年 6 月参加了三打永新的战斗。敌人是从云南来的杨池生部队，战斗力不弱。在永新的外围，杨至成所在部队与敌人的前锋营相遇。由于红军处于绝对优势，战斗展开不久，敌人就招架不住，开始动摇了。这时，敌人一个军官挥舞着驳壳枪，对着敌兵发疯似的大喊："往前冲，小心别当俘虏，共产党抓住你们要剥皮抽筋的。"

在这名军官的威胁下，白军士兵拼命顽抗，死不缴枪，可是最终还是没能抵挡住红军的强大攻势，不一会就溃退了，红军抓了不少的俘虏。

红军战士们围着俘虏，个个虎视眈眈。俘虏呢，抖抖索索挤靠在一起，脸色灰白，双目无神，流露出绝望的神情。

见此情景，杨至成对俘虏们说："不要害怕，红军一定会保证你们的生命安全，一根汗毛也不会动你们的。"

但是这些俘虏兵只是呆呆地转转头，你看我，我看你，没什么反应。这时，杨至成发现有一个大个子的白军士兵，佝偻着身子藏在后边，衣服被撕得破破烂烂，还掉了一只袖筒。杨至成看见他这副样子，想起刚才拼刺刀时有个死不缴枪的白军士兵很像是他，便问道：

"你叫什么名字？"

这个白军士兵浑身一抖，脸抽搐得几乎变了形，上牙磕着下牙，十分艰难地回答："姓曹……叫……叫曹福海。"

"刚才是你吧？几个人才把你拖住。"

"长官，不……不……不是我。"

"怎么不是你？你看，我的手都被你抓破了，还想抵赖？"一个战士在旁边插嘴。

曹福海听见这句话，像听到了死刑的判决书，他苦苦哀求道："长官，积德呀，一家老小全靠我呢，饶了我一条命就是救我全家呀！"

从谈话中，杨至成知道曹福海也是个受剥削的农民，是被国民党抓来当兵的。于是，杨至成把红军的性质和任务向他讲了一番，最后问他愿不愿意参加红军。一提起红军，曹福海又变了脸色，又是什么"长官积德""救我全家"之类的话。杨至成又问别的俘虏，他们也苦苦苦哀求，就是不愿当红军。

尽管红军的生活非常艰苦，药品缺乏，但还是尽量让俘虏们住得舒服，吃得满意，带伤的还一律给予治疗。临走那天，团里又开了欢送会。会上，团首长向他们说明了天下穷人是一家、放下武器是兄弟的道理，希望他们回家之后，种田的种田，做工的做工。如果仍是当白军，再和红军打仗，枪口不要对着自己的兄弟。

散会后，又按规定发给他们每人几块钱的路费，还给每人发了一些简明通俗的传单，传单上写着"白军兄弟们，不要给地主资本家卖命""红军官兵平等，不打不骂，经济公开"等内容。发完东西，红军敲起锣鼓，高喊口号，把这些俘虏兵送出很远。重伤的俘虏还派了农民自卫军用担架抬着。俘虏们深受感动，有的人甚至失声痛哭。

6月底，江西的杨如轩、杨池生部再度向井冈山进犯，杨至成所在的部队在七溪岭阻击。敌人装备精良，训练有素。战斗一打响，就是一场硬拼硬的恶战，从早晨一直打到下午三四点钟，才把敌人打垮，俘虏几百。战斗很艰苦，红军战士们有的牺牲，有的负伤，大家心里又沉痛又气愤，有人指着俘虏的鼻子说："这回一个都不放，放回去还当反动派！消灭一个少一个。"上级很快发现了这种不正常的情绪。红四军党代表毛泽东亲自给部队讲话，再次强调俘虏政策。之后，杨至成等人用了整整几天时间才把这些俘虏处理完。全军上下，人人动口动手，工作比上次更加细致周到，甚至连敌人的尸体都用棺材装好，写好姓名和战死地点送了回去。

到了这年的秋天，敌人又一次向井冈山进犯，战斗还是在七溪岭打响。这次的战斗只进行了半天许多白军士兵便纷纷缴枪，其余的则溃散了。

说来也巧，杨至成在俘虏群中又看见了曹福海。这回他穿戴得整整齐齐，不像上次那样狼狈了，也丝毫没有畏惧的神色，只是低着头难为情地傻笑。杨至成问他："又来啦？"

曹福海"嘿嘿"笑了两声，一副憨厚的样子。

杨至成又问他："怎么没回家呢？"

"家在云南，怎么回去啊？"曹福海无奈地回答。

"那就留下来当红军吧，打倒反动派再回家。"杨至成笑着说。

可是曹福海向四周看了一下，吞吞吐吐地说："还是放我回去吧，这回我只放了两枪，还是朝天上放的。"

杨至成心想，一回不行两回，于是又发给曹福海路费，给他开好路条，热情地把他送走了。

随着井冈山根据地的不断壮大，敌人的"进剿"也更加频繁。不久，杨池生和杨如轩的部队又来了，双方在七溪岭一接触，就有大批敌军拖枪跑到红军这边来了。

战斗结束后，二营的一名同志找到杨至成，说有人找他。

杨至成感到很疑惑，问道："谁呀？"

"一个俘虏，他说一定要找你。"

杨至成忍不住笑道："不打不成交，倒是真的打出交情来了。"可是究竟是谁呢？杨至成也想不起来。

杨至成正在想着，通讯员把那个俘虏带来了。杨至成仔细一看，原来又是曹福海。曹福海认出杨至成，也晃着高大的身躯跑上来，满脸得意地说："这次我再也不回去了，免得老是当俘虏。你看，我还带了十几个兄弟。"

杨至成看看他的身后，直溜溜地站着十四五个白军士兵，他们和曹福海一样，一个个面带笑容，毫不拘束。

杨至成笑着问曹福海："这回你是怎么想通的？"

曹福海叹了一口气："唉，早先我常这样想，忍着吧，家里困难，每月多少还有几块饷钱，给家里寄去兴许能顶点事，谁知每月挣的钱还不够这个税那个捐的，当了几年兵，家里的老人孩子照旧挨饿受冻。"说到这里，他摇了摇头，"我左琢磨右琢磨，觉得还是你们说得对，大权在别人手里攥着，穷人就别想有好日子过……"

杨至成把这件事向上级汇报后，便把他们编到了班里。曹福海到了红军中后，体验到民主主义带来的平等生活，仿佛进入了一个新的世界，在各方面都表现得非常积极，战斗勇敢，很快当了排长。1929年1月，曹福海随红四军主力下山，奔赴赣南闽西，在大庾战斗中光荣牺牲，成为革命烈士。

红军对待俘虏的政策是去留自便，有一部分俘虏兵出走，也有一部分自愿留下。出走的起了瓦解作用，而留下的则对红军起了重大的帮扶作用，补充了兵员。红军队伍中的一些特殊军事人才就多出自俘虏兵。

党指挥枪

在红军辗转作战的过程中，由于俘虏兵的大量增加，改造和转变终究需要一段过程，加之红军连续作战，生活艰苦，得不到及时的教育和整顿，存在于红四军内的各种非无产阶级思想逐渐显露，军队纪律出现松弛迹象。

1929年1月，为打破国民党军队对井冈山革命根据地的"会剿"和解决红军给养问题，毛泽东、朱德率红四军主力主动出击赣南。下山作战的红四军转战赣南、闽西，经过了一系列艰苦战斗，终于在闽西地区站住了脚，开辟了赣南、闽西两块根据地，革命形势也稍有了好转。但是在红四军内部，出现了一股极端民主化的思潮和单纯军事观点的思潮。在红军初创时期实施军内民主，有许多下级干部或战士对待上级决议，如果感到不合意就不愿执行，还有过打仗前大家举手表决，不愿去可以不去的现象。比如在红二十九团，士兵委员会反映士兵意见时，想回家不愿在山上坚持斗争的意见成为主导形成决议，要求回家乡，而当时的部队领导人又不能有效制止，结果发生了全团集体跑下井冈山的现象，随之溃散。在红四军进入赣南、闽西地区后，极端民主化的思潮进一步发展，批评毛泽东主张的前委集中领导，实行"自下而上的民主"，凡事都需要大家开会讨论。

当时，在红四军中存在的另一种思想就是单纯的军事观点，也就是认为"党太管事了"。有人主张"司令部对外，政治部对内"；还有人强调"军官权威，由长官说了算"；再加上军中有许多出身旧军队的同志和农民，在长期繁重的战斗任务中得不到及时的教育和整训，重军事轻政治和流寇思想也在军中滋长严重。并且军中惯于使用旧军队的管理办法，动不动就对士兵打板子、关禁闭、滥施肉刑，枪毙逃兵的事情也时有发生，致使军中军官与士兵关系紧张。

毛泽东极力反对极端民主化和单纯军事观点。但是，在6月举行的前委改选中，毛泽东没有能够继续当选为前委书记，被派到闽西协助地方工作。此时朱德既是军长又兼任代前委书记，军事、政治工作都压在他的肩上，实在是忙不过来。而此时红四军内部也是争论不断。因此8月份，红四军派陈毅去上海向党中央汇报红四军的情况。当时的中央政治局开会专门听取了陈毅关于红四军情况的报告，决定由周恩来、李立三和陈毅一起组成一个委员会，共同研究解决红四军中存在的问题和今后的方向。周恩来多次指示要朱毛都留在前委工作，并且仍由毛泽东担任前委书记。陈毅根据周恩来的谈话意见和自己对一些问题的见解，代表中央起草了一封致红四军前委的信，也就是后来著名的"中央九月来信"。11月，毛泽东遵照中央指示，重新担任红四军前委书记并主持红四军的工作。

在这样的情况下，如何把以农民为主体的军队建设成为一支无产阶级领导下的纪律严明的人民军队，成为党和红军建设的根本性问题。

1929年6月14日，毛泽东在福建连城新泉镇指出："军纪问题是红军一个很大的政治问题，但因一种人主严，一种人主宽，效果便相消了。稍微进步一点的军队，就需要规律化。"

毛泽东恢复前委书记身份后，根据"中央九月来信"精神，在红四军内部进行了深入细致的调查研究，找了大量干部、战士座谈，认真分析了红四军和党内存在的各种问题。毛泽东白天搞调查研究，晚上整理材料形成文字，亲自起草了长达3万字的决议草案。

1929年12月，毛泽东在古田会议决议案中深刻地指出："红军第四军的共产党内存在着各种非无产阶级的思想，这对于执行党的正确路线，妨碍极大。若不彻底纠正，则中国伟大革命斗争给予红军第四军的任务，是必然担负不起来的。"他剖析了当时各种非无产阶级思想的具体表现及其根源，强调要彻底纠正，必须"严格地执行纪律，废止对纪律的敷衍现象"。再一个问题就是要处理好红军和群众的关系，完成我军既善于打仗又善于发动群众、既是战斗队又是工作队的革命任务。毛泽东指出："红军绝不是单纯地打仗的，它除了打仗消灭敌人军事力量以外，还要负担宣传群众、组织群众、帮助群众建立革命政权以至于建立共产党的组织等各项重大的任务。"要完成这样的任务，同样离不开严明的军队纪律特别是群众纪律。

12月28日至29日，中国共产党红军第四军第九次代表大会在福建上杭古田召开，会议由陈毅主持，100多名代表出席会议。这次会议的主要任务是纠正和克服红四军内出现的各种非无产阶级思想，加强党对军队的领导，强调军队纪律。大会经过热烈讨论，一致通过了毛泽东代表前委起草的3万余字的8个决议案，总称《中国共产党红军第四军第九次代表大会决议案》，即古田会议决议。决议共分9个部分，着重强调红军是"一个执行革命的政治任务的武装集团"，它必须服从党的领导，树立无产阶级思想，纠正单纯军事观点、极端民主化、非组织观点、绝对平均主义、主观主义、个人主义、流寇思想、盲动主义残余等；强调红军不但要打仗，而且要担负起宣传群众、组织群众、武装群众等项任务；要在军内外建立正确关系，对敌军采取

古田会议旧址

正确政策等。

会议所通过的决议案明确规定了红军的性质，指出"中国的红军是一个执行革命的政治任务的武装集团"，这个军队必须是服从于无产阶级思想领导，服务于人民革命斗争和根据地建设的工具。这个规定，从根本上划清了新型人民军队同一切旧式军队的界限。从这个基本观点出发，决议案阐明了军队同党的关系，指出军队必须绝对服从党的领导，必须全心全意地为着党的纲领、路线和政策而奋斗，批评了那种认为军事和政治是对立的，军事不要服从政治，或者以军事来指挥政治的单纯军事观点。

决议案着重强调加强党的思想建设的重要性，并从红四军党组织的实际出发，全面地指出党内各种非无产阶级思想的表现、来源及其纠正的办法。决议案在着重强调党的思想建设的同时，又指出必须加强党的组织建设，必须坚持民主集中制，反对极端民主化、非组织观点等错误倾向；提出了注意提高党员质量，加强各级党组织的工作等要求。

古田会议总结了红四军成立以来军队建设方面的经验教训，确立了人民军队建设的基本原则，规定了红军的性质、宗旨和任务，重申了共产党对红军实行绝对领导的原则，反对以任何借口削弱共产党对红军的领导，必须是党指挥枪，必须使共产党成为军队中的坚强领导和团结核心。

在古田会议的决议里，还重申了红军必须"严格地执行三条纪律"规定，并把"三条纪律"作为红军对群众进行宣传工作、搞好军民团结的重要内容。当时的"三条纪律"是：不拿工人、农民、小商人一点东西；打土豪归公；一切行动听指挥。

毛泽东在古田会议的决议以及1929年9月陈毅在给中央的报告中，已经将"三条纪律"与"三大纪律"并列使用，但直到1931年9月3日，时任苏区中央局秘书长的欧阳钦在上海向党中央汇报中央苏区的情况时，才正式使用"三大纪律八项注意"的规范名称。他在报告中说："红军有三大纪律（打土豪要归公、不拿贫苦工农一点东西、一切要听指挥），八项注意（上门板、捆禾草、借东西要还、损坏东西要赔、买卖要公平、说话要和气、窝屎找毛坑、不抄白军士兵的腰包），这三大纪律八项注意红军任何人都知道并且非常熟悉，且能完全执行，这些在与群众关系上都是非常重要的。"这时，才由最初的"三条纪律"改称为"三大纪律"并一直沿用，只是在战时，根据形式的发展和部队的实践经验，"三大纪律八项注意"的具体内容有所调整。

中国共产党领导的红军队伍不断壮大，井冈山仿佛一块磁铁，吸引了无数革命者的到来，各地的仁人志士怀揣理想，向着这个革命的摇篮进发，到这里会聚。

桂东县沙田镇宣传委员郭会权向我建议，要想了解更多更全的关于红军在井冈山、桂东一带的事迹，可以去找胡海波。他告诉我，胡海波是桂东县政协文史委主任，原来在县史志办工作过很多年，是当地权威的文史专家。

在他的引荐之下，我顺利地联系上了胡海波。我简洁地说明了我的来意，在电话里，他爽朗地笑道，没问题，你想知道的，我都知无不言。

我和胡海波主任依约在工农红军在桂东革命活动纪念馆见面。我一边仔细观看着纪念馆里的每一幅珍贵历史照片，一边听胡主任的细细解说。桂东在大革命时期就是农民运动活跃地区，老百姓早就受过革命的洗礼，加上毛泽东在这里颁布三大纪律六项注意的事迹被广泛传播，深入人心，这里的群众具有光荣的革命传统。

胡海波这位桂东红色历史的"活字典"和我谈起一段当年桂东老百姓救助红军伤员的故事。

"跟你说说当年吴西在桂东养伤的事吧。吴西原名吴有良，是壮族人。出生于1900年10月6日，不过他的档案记载是1903年，当年他因为上学比较晚，20世纪20年代报考南宁师范学校时已经超龄，为了能够进入师范学习，他自己把岁数减去3岁，学校才录取。从那以后，所有表格中都填写1903年出生。他生于广西扶绥县渠黎乡三合村一个农民家庭。1925年投身革命，1955年被授予少将军衔，是中国人民解放军中唯一一个年过百岁的少数民族将领，也是跟随邓小平、李明瑞等老一辈无产阶级革命家经历了百色、龙州起义的革命将领。吴西将军在中华人民共和国成立后为海军的组建和发展做了巨大贡献。吴将军于2005年7月21日在北京去世，享年105岁。

"吴西养伤这件事还要从他受伤说起。1931年元月底，那时候吴西所在的红七军兵员已经减少了2/3，不得不在桂岭整编。十九师、二十师编为2个团，为了鼓舞士气，加强领导，军队主官兼任团长。"

红七军从广西转战湘西南、湘南各地，在转进江西途中一度被国民党击溃，一分为二，一部分到了中央苏区，另一部分是其中由军长张云逸率领的 58 团，于 1931 年 3 月 14 日进入酃县（今炎陵县），与王震率领的湘东独立师第 3 团在酃县十都墟会师。图为会师庆祝大会

这年 2 月，邓小平、张云逸率领红七军离开右江根据地转战湘粤赣的途中，在湘粤边界的乐昌与广东军阀陈济棠部激战，时任红七军军部警卫连党代表的吴西被炸弹炸伤右大腿，被抬在担架上跟着部队转移。部队转战到桂东境内后，张云逸军长找到吴西做思想工作，敌人咬得很紧，部队又要连续急行军，怕受伤的吴西掉队，决定让他在桂东地区的老百姓家里养伤。

"救助吴西的这户人家的主人是曾经参加过湘南暴动的老贫农，50 多岁。吴西到了他家后，受到热情的招待，老农还上山找来草药给吴西治疗伤口。在他家里住了两晚后，遇上地主武装挨户团的搜查，老贫农将吴西送到山沟里的一位老奶奶家里，那里山高偏僻，安全比较有保障。老奶奶像对待自己的儿子一样精心照顾吴西，她家里存粮不多，每天却煮三餐干饭给吴西吃，她自己只吃一点南瓜汤，还将家里仅有的几个原本打算拿到集镇上换油盐的鸡蛋煮了给吴西吃以补充营养。每天天刚亮，老奶奶就起床顶着寒风上山给吴西找草药，从早到晚忙个不停，细心地为他洗伤口、敷草药。

"就这样，在老奶奶的悉心照料之下，本来伤势严重的吴西慢慢好了起来。十多天后，他伤口不疼了，能丢掉拐杖自己行走了，可他生怕自己掉队太久以后找不到部队，伤还没好完全，就要去寻找大部队。老奶奶心里舍不得，劝他养好了伤再走，可哪里留得住他，只能给他找了一身桂东当地老百姓的衣服，看着他一瘸一拐地走了。"

当年那个带着伤病之身孤身寻找部队的吴西最终在一个月后回到了组织，融入井冈山革命根据地这个大家庭。正是有了千千万万像吴西这样怀着理想信念和崇高追求的革命者不断云集在井冈山上，使得根据地和中央苏区版图一天天扩大。

第二章

★

军民团结如一人

军民团结如一人

日益扩大的根据地和苏区，被蒋介石逆历史潮流"攘外必先安内"的主张阻止，国民党不断调集重兵"围剿"苏区和红军，这样的军事"围剿"持续了近四年。1932年10月，蒋介石向苏区发起了第四次进攻，红军开始了更为艰苦的运动战。

1933年夏天，井冈山的太阳格外炎热，原本郁郁葱葱的树木也显得垂头丧气起来，耷拉着脑袋。沿着中央苏区越来越缩小的边界，枪炮声再次隆隆作响，国民党军对中央苏区的第五次"围剿"开始了。

次年10月，第五次反"围剿"失败后，红军遭受惨重损失，部队的建设受到严重破坏，党和红军陷入严重的生存危机，被迫实行战略转移。中央苏区反"围剿"的失败，改变了中国革命战争的大格局，影响了其他苏区，使长征由局部演变为全局性的战略转移。两大危机，考验着濒临绝境的中国共产党和红军，以谋生存、图发展为主旨的长征随之在中华大地上展开。

10日夜间，中共中央和红军总部悄然从瑞金出发，率领红一、三、五、八、九军团连同后方机关共8.6万余人进行战略转移，向湘西进发，开始了悲壮的、前途未卜的征程。

　　山，快马加鞭未下鞍。惊回首，离天三尺三。
　　山，倒海翻江卷巨澜。奔腾急，万马战犹酣。
　　山，刺破青天锷未残。天欲堕，赖以拄其间。

　　毛泽东在这期间写下的《十六字令三首》道出了长征途中战事的紧张与危急，西风凛冽，马蹄声碎，喇叭声咽，残阳如血，雄关漫道真如铁。

　　纵观人类历史，为了生存或者战争，一支队伍的远征常常引起后人的无限遐想和悠久惊叹。中国工农红军的长征创造了 20 世纪的人类奇迹，他们用奉献和牺牲诠释忠勇，他们用纪律和实际行动来验证人民军队为人民寻找光明的追求。

　　人民军队为人民，人民军队源于人民，人民军队也依靠人民。在二万五千里的漫漫征途中，红军正是用严明的纪律一路赢得了群众的拥护和支持，军爱民，民拥军，军民团结如一人。

　　习近平总书记在纪念红军长征胜利 80 周年大会讲话中曾提及一个彰显军民鱼水情的故事——3 个女红军与半床被子。对女红军来说，参加长征可能是她们生命中最悲壮也最光辉的一页，她们承受着比男人更为严峻的考验。光阴如梭，当我们回顾那一段历史，提及这段发生在湖南汝城沙洲村的故事时，依然被感动。

　　我到达汝城的时候天已经黑了，与 80 多年前那 3 位女红军到达沙洲村的时候差不多。我只好按捺住心情，等天明再去沙洲村。

　　好不容易等到天亮，跟汝城县委宣传部联系后，又联系上沙洲村的村主任朱向群，我直奔汝城文明乡沙洲村。到了之后才知道朱向群就是"半条被子"的故事主角徐解秀的曾孙。

朱向群说曾祖母徐解秀已经去世20多年了，但家里的老房子一直还在，便将我引到修缮保护起来了的祖宅。就是在这座青砖老屋里，徐解秀老人和3位女红军演绎了感人的军民鱼水情。当时她与3位女红军挤在一起睡的老木板床也还保留至今，还有她挂在墙上的老照片……"半条被子"的故事在这一带广泛流传。

徐解秀的儿子们的身体也都还健朗。提起善良、英勇的母亲，他们的脸上是闪着光的骄傲。

"半条被子"的故事发生在1934年11月初的一个傍晚。当时天气已转寒，红军长征突破国民党第二道封锁线后，中央红军卫生部、后勤部驻扎在汝城县文明瑶族乡沙洲村。

"当时这里的老百姓受地主老财的影响，起初对红军有误解，纷纷躲到山里去。"在红军卫生部旧址，徐解秀的大儿子、84岁的朱中武说，"当时我家就住在这里，妈妈30多岁，背着刚1岁的我，没有跟大家一起躲到山上去，而是大胆留了下来。"

红军纪律严明，战士们睡在屋檐下、空地里，在野外架锅煮饭，不仅没有乱动村民的东西，还帮助打扫卫生、挑水。徐解秀与丈夫看在眼里，慢慢对红军有了新的认识。

"当时已经是秋冬季节了，我们这里山区晚上气温很低，看到一些红军睡在自家门前，我妈就让其中3个女红军跟自己睡在厢房里。"朱中武说，当时他家很穷，简陋的床铺、破旧的被子，根本挡不住寒冷。女红军拿出她们仅有的一条被子，和徐解秀一起，4人合盖，度过了那个令徐解秀记忆一生的夜晚。

第二天，天刚蒙蒙亮，女红军醒来发现，徐解秀的丈夫睡在门口的草垛上，守护着她们。女红军眼睛湿润了，临走时，决定把她们仅有的一条被子送给徐解秀。但徐解秀说什么也不肯要，她说："你们3

个人就共着这么一床被子，天寒地冻的，还要赶那么远的路，我怎能忍心把它收下呢？我在家里，至少还有一个可以遮风挡雨的地方啊！"

3个红军姑娘说服不了徐解秀，于是她们不由分说，把被子往床上一扔，抽身就往外跑。徐解秀赶紧抱起被子，追了出去。在村口，她们把被子推过来推过去，僵持不下。这时，一个红军姑娘从背包中摸出一把剪刀，把一条被子剪成了两半。

女红军拉着徐解秀的手说："大姐，这下你可别推了，这一半你就收下吧，等革命胜利了，我们还会回来看你的。"徐解秀颤抖着双手接过半床被子，泪水流了下来。

徐解秀把3个女红军送到村口，望着绵绵群山、崎岖小道，担心她们不识路，便叫丈夫再送姐妹们一程，送远一点，送到大山那一边。她站在村口，依依不舍地目送丈夫带着3个姐妹一步步远去……

红军走后，反动派将沙洲村的人赶到祠堂，逼他们说出谁给红军做过事。3名女红军留下的半条被子也被搜出烧毁，徐解秀还被罚在祠堂跪了大半天。

50年后，1984年11月7日，《经济日报》记者罗开富重走长征路时，经过沙洲村，在村口遇到了年过八旬的徐解秀。徐解秀把自己50年前的事，说给了罗开富听。

罗开富在一次座谈会上，谈起他重走长征路的感受时说："当年我走到湖南汝城县沙洲村，一进村，我就注意到一位裹着小脚的老人不远不近地跟着我、看着我。她就是徐解秀，她问我能见到红军吗？能见到，就帮她打听3名女红军的下落。"

罗开富回忆，徐解秀当时说："3个姑娘长得很漂亮，有一个还不到20岁，心也好。你们说，一条被子能剪下半条给穷人，天底下哪有这样的好人！她们出发时，还一步三回头地对我说：'大嫂，天快黑了，你先回家吧，等胜利了，我们会给你送一条被子来。'现在我已有盖的了，只盼她们能来看看我就好。"

回到北京后，罗开富写了《三位红军姑娘在哪里》的报道，在《经济日报》上发表后，感动了许多人。蔡畅、邓颖超、康克清等15位当年的女红军发表谈话，开头就说：悠悠五十载，沧海变桑田，我们也想念那些大爷、大娘、大哥、大嫂们，请罗开富同志在长征沿途向诸位问个好，我们一定想办法找到徐解秀要找的3位红军姑娘。

在邓颖超亲自主持下，一场寻找3位红军姑娘的行动在全国展开。遗憾的是，3位女红军至今未能找到。

"邓颖超还特意买了一床新棉被，委托罗开富送给我妈。"徐解秀的二儿子朱中雄说，"我们家现在还珍藏着邓妈妈送的棉被。我妈在1991年1月去世前，跟家里人说，一定要跟共产党走，因为共产党的战士是只有一条被子也要分给你一半的好人。"

徐解秀临终前告诫儿孙们的话，从此成了她家的家训。

红军长征路上因为没有住处去老乡家借宿，不仅帮老乡干农活，还把自己仅有的一床被子分给老乡一半。今天的我们不愁吃穿，未必能真切感受到在冰天雪地里，在没有吃穿的日子里，老乡和红军的鱼水之情，仅有的一床被子，温暖的却是军、民两家的心。从此风雨同舟，患难与共，军民鱼水，融为一体。这不是特例，不论在过去还是现在，都不断涌现出感人至深的故事，让人感慨、感激的同时，更被深深地打动。承继这"半床被子"的精神，不把它停留在过去，让那个冬夜里温暖的所在，穿透时光层层叠叠的屏障，奔袭而来，萦绕于当下。

红军和"半床被子"的故事，在沙洲村里随便找一个人，也能说上一两段。尤其是徐解秀的后人，受"半床被子"的影响至深。

"徐解秀一家，几代人为村里做贡献。"沙洲村党支部书记朱中建告诉我，她一家先后有4人在村里当干部，为村民服务；有3人当兵，保卫国家。1984年罗开富来村里采访时，徐解秀的三孙子朱国永正在中越边境前线作战。

我在沙洲村建设一新的村部见到了徐解秀的曾孙朱向群，他告诉我说："长辈们教导我们要跟党走，时刻考虑老百姓的利益。我父亲先后在村里当民兵营长、村委会主任和村支书，服务村民 20 多年，修路、架桥、建学校等，做了不少事。"他对近几年村里的工作也有所规划，他说，他任村主任后，目前村里的头等大事就是脱贫攻坚，全村 142户中，贫困户仍有 32 户 98 人。这两年，要通过种水果和反季节蔬菜，使贫困村民全部脱贫。

在沙洲村采访的时候，汝城县政协文史委主任宋意心告诉我，在汝城县档案馆还展示着一张红军借据复制品。

这是一张边缘部分几乎被蛀虫蚀掉的借据复制品，安放在陈列室里。泛黄的纸上，工整的毛笔字如今看来依然清晰，上面写着："今

红军借据（复制品）

借到胡四德伯伯稻谷一百零五担，生猪三头，重量五百零三斤，鸡一十二只，重量四十二斤，此据。中国工农红军第三军团，具借人叶祖令，公原（元）一九三四年冬。"

这张借据的来历，官亨村村支书胡炳灯说，要从他的叔公胡四德讲起。1934 年 11 月，红军长征经过延寿瑶族乡官亨村。当地瑶民听说有军队来，害怕打仗，纷纷拿着粮食躲进山里。

族老胡四德悄悄下山喂猪，发现红军进村后，并没有闯进农户家，而是在宗祠、学校旁的巷道扎营，心里隐隐觉得这支军队与以前到村里的军队不同。红军告诉胡四德："我们是老百姓的队伍，不会拿老百姓的东西，让老百姓下山吧。"

经过几天的观察，胡四德看到红军们每天只吃烤土豆，心里难受。于是，他号召村民为红军捐粮食。第二天，在胡四德的带领下，从各家各户筹集到的 105 担稻谷、3 头生猪、12 只鸡送到了部队司务长叶祖令手中。红军离开时，叶祖令写下了这张借据给胡四德，并盖上了自己的印章，郑重地交给胡四德，告诉他今后可以兑换借据。

在后来的几十年里，胡四德从来没有跟家里人提过这张借据。直到 1996 年，他的孙子胡运海在家准备砌新灶台时，才从灶台的砖里发现了它。2006 年后，汝城县政府按照当时的物价，兑现了 1.5 万元的"还款"。但胡运海并没有将这笔钱据为己有，而是拿出其中的 1.3 万余元，捐献给了村里的小学搞建设。

如果红军根据最初的战略计划，从南线突破粤军的封锁，到达湘西，与红二、六军团会合，那么湖南或许会成为长征的目的地。

然而，历史没有如果。

沿着红军当年长征的足迹，由汝城向西到达宜章县境内，宜章与桂东、汝城均同属湘南片区。中国共产党早期创始人、中国工人运动的杰出领袖邓中夏还有著名女红军曾志、彭儒都出生在宜章。大革命时期这里的农民运动蓬勃发展，是中国共产党的组织和群众基础较好的地区之一；大革命失败后，湘南地区的共产党员和人民群众在国民党白色恐怖下继续坚持斗争。1928年1月，朱德、陈毅在宜章发动湘南起义，成立了工农革命军第一师，曾有八千湘南子弟投身革命，大部分牺牲。

长征队伍经过宜章县时，许多宜章籍红军将士为了不耽误行程，都没有与亲人相见。红一军团二师师长陈光以军务为重，没有回家探亲；红五军团政治部主任曾日三和吴仲廉是一对革命夫妻，各自的家都在县城南关街，长征时他们所在的部队担任后卫，最后在县城经过，为了不耽误行军，严守纪律，他们有意避开与亲人相见。

宜章县白石渡镇老湾村的邝氏宗祠——清白堂是一座建于清代的祠堂，至今仍保存完好。祠堂外面的空地上立了一块洁白的石碑，上面刻写着"中央红军长征突破第三道封锁线指挥部旧址"，静静地述说着这个老式祠堂不平凡的过去。宜章县党史研究专家颜宝林介绍，宜章地处"楚尾粤头"，自古就是中原与岭南通商的"楚粤之孔道"，是南下广东的"咽喉"要道，兵家必争之地。1934年11月10日，在周恩来、刘伯承的指挥下，红一军团的红一师三团在宜章白石渡江边古渡口一举歼灭了湖南省保安部队扼守在此的两个连，消灭全副武装的200多名敌人，在此突破了国民党军设在粤汉铁路的第三道防线，为全军顺利通过粤汉铁路扫清了顺利通过宜章的主要障碍。当晚，周恩来、刘伯承在清白堂召开军事会议，向指战员分析长征中的形势，鼓励大家树立信心，克服困难，并部署在白石渡开展扩红等事宜。

作家萧锋在《长征日记》中曾说到，攻占白石渡后，周恩来非常高兴，告诉战士们："你们别看这是个小镇，它可是敌人第三道封锁线的重要支撑点。"

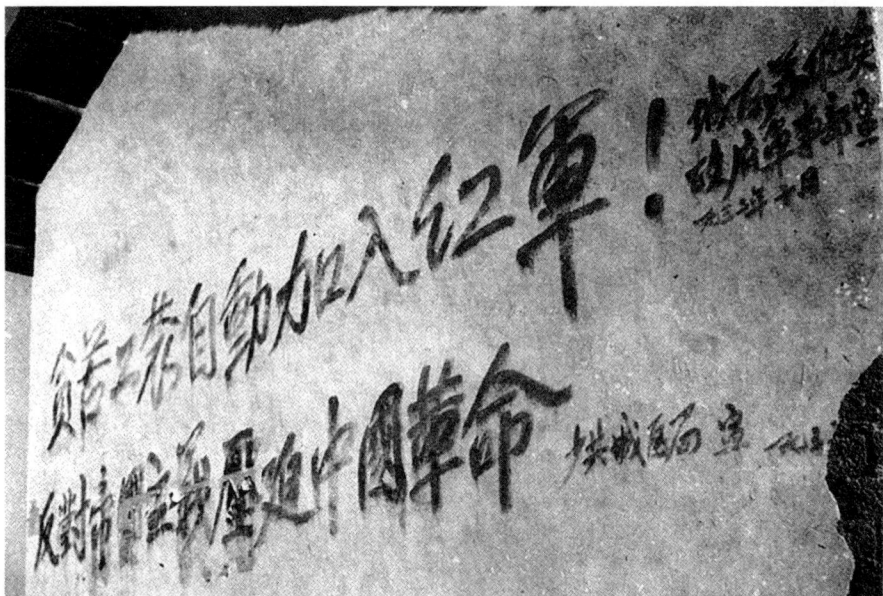

发动群众参加红军的标语

穿越血与火的历史烟云，如今在白石渡镇的重山碧岭间横亘着京广高铁线路，每天南来北往的高铁列车呼啸而过。几百米开外，当年红军突破的南北交通动脉粤汉铁路，只余下零星几段布满碎石的铁轨、旧桥隧和废弃的车站。两条铁路，仿佛两个时代的守望。

据历史资料据记载，在宜章期间，中央红军还建立了宜章县苏维埃政府，这是中央红军在长征途中建立的第一个县级苏维埃政权。

中央红军沿途广泛开展宣传、建政、扩红运动，成功吸收了500多名工农群众参加红军，沉重打击了国民党反动武装，顺利向西挺进。党史专家颜宝林说："当时这一带正在修建粤汉铁路，住在白石渡的筑路工人有三四千人，他们受国民党反动派和工头的剥削，工资低、生活苦，经过红军的宣传动员，不到两天的时间，就有160多名铁路工人和120多名农民加入了红军队伍。"

在介绍清白堂的历史时，颜宝林还讲到一个与红军军纪有关的故事。

"红军在白石渡打土豪时，曾有战士错杀了贫农萧贤凤家的一头猪，经调查核实后，红军当即向其赔偿 12 块银圆并且道歉。"颜宝林说，在接到红军战士的赔偿后，萧贤凤很受感动，因为以往的军队拿了老百姓的东西，老百姓只能自认倒霉，但红军的做法却让老百姓很意外。"当时一块银圆可以购买一担稻谷，红军的赔偿额度比实际市场价要高！"后来萧贤凤还主动邀集几个妇女义务替红军筛米，红军同样兑付工钱，并招呼她们一起用餐。"红军沿途行军时，经常住在老百姓的屋檐下，也不打扰百姓。用了老百姓的门板、稻草睡觉的，走之前恢复原状，还把住的地方打扫干净，买东西都会照价付款。当时，正值农村收红薯的季节，屋前屋后晾着红薯，红军忍饥挨饿不乱拿一个。群众热情请红军吃，红军每吃一个红薯都要付钱，不收钱坚决不吃。"颜宝林说到这里，不无感慨。

在白石渡老湾村，一枚红军硬币的故事同样见证着红军的钢铁纪律。几年前，老湾村发掘红色旅游，70 岁的村民邝日皓拿出了家中珍藏了 80 多年的这枚硬币。虽然仅两角面值，但由于是当年红军在村里驻扎时使用过的，邝日皓一直当作"传家之宝"珍藏着。

在这枚苏币上，正面写着面额为贰角，中华苏维埃共和国公历一九三二年，背面则画着一枚党徽，并标注了兑换原则：每五枚当一元。

颜宝琳带着我在白石渡穿街走巷，仿佛穿越历史的时空。当年，红军在白石渡老湾村尾的小学堂里设立了临时银行，回收红军在当地购买物资时使用的苏维埃钞票，并按比例兑换成"硬通货"银圆，以免让村民蒙受损失。"红军离开村子后，苏币就没法用了，所以红军特别设立银行兑换银圆，老百姓无不称道，赞赏红军是咱老百姓的军队。"据了解，1932 年 7 月 7 日，中华苏维埃共和国国家银行首批国币正式开印。在长征途中，红军仍然使用中华苏维埃共和国国家银行的钱币来购买日用品等，当红军从不同的阵地转移时，会跟所在地区村民以一比一的面值，把红军的钱币兑换成当时广泛流通的银圆。

邝日皓说，母亲当年为何没有兑换银圆，自己也不清楚。直到有一天，不识字的母亲找到苏币，问他上面写了什么，他才知道家里有这么一枚特殊的硬币。为了感恩红军，他交代儿孙一定要保管好这枚"传家之宝"。

中央红军到宜章后，当地党组织和人民群众积极行动起来帮助红军，积极为红军筹款筹粮、出工出力。有的帮助侦察敌情、站岗放哨；有的帮助安排住宿、舂谷筛米、挑水做饭、送茶送水；有的为红军当向导、抬担架、运输物资；有的张贴欢迎红军的标语等，乡村处处呈现"军爱民、民拥军"的景象。

游击队员和革命群众首先开展了捣毁敌人交通线和碉堡的斗争。

红军帮助群众收割庄稼

为了阻击红军长征，国民党在宜章境内交通要道及县城附近修筑碉堡114座，分别由国民党保安团及"铲共义勇队"1000余人把守。县义勇总队在中心碉堡储备了充足的弹药和生活物资，准备负隅顽抗。10月下旬至11月中旬，共产党员、游击队员带领革命群众烧毁、挖毁樟桥、沿江、黄岑及沿郴宜公路和郴宜大道两旁国民党修筑的多座碉堡，切断了太平里、桐子坪和郴县通往桂阳的电话线，并处决了一批罪大恶极的反革命分子，迫使国民党县长曹家铭逃离县城。共产党员、游击队员和革命群众主动为红军侦察敌情，提供情报。红三军团到赤石、平和一带时，根据宜章党组织提供的敌防守情报，做出了两翼佯攻、主力在宜章一带突破第三道封锁线的正确决定。

当地党组织接到安置红军伤病员的任务后，与游击队一道，在革命群众的支持配合下，把红军伤病员迅速转移、分别安置到淹窝、平和、扎营坳、老虎山、西湾、茶园等红色据点，许多群众冒着生命危险收养了这批伤病员。红军伤病员痊愈后，多数就地参加红军游击队，参加游击战争。此外，红军途经宜章各乡村时，有100余名伤病员因跟不上队伍而掉队，途经地的农民群众自发挺身而出，英勇地救护了这些掉队的伤病员，并为因病牺牲的红军战士筹钱悉心安葬。浆水村村民李贤生曾组织安葬了5名牺牲的红军战士，事后被国民党反动派抓捕，誓死不屈而被杀害。

宜章县杨梅山镇香花村，当年被称为茶园自然村，因为是女红军白零嫚的家乡，她便被组织上安排留了下来，担起照顾伤病员的重任。30多位红军伤病员被安排在茶园村养伤，白零嫚组织村民们细心照顾。

茶园的上茶园、罗家庄、下茶园3个村庄四面环山、紧紧相连，是活跃的游击区。红军大部队走了，白军及其爪牙很快回到这里，天天到村里搜寻红军线索，搜捕掉队的红军战士，反扑清剿游击队和农会。

红军长征部队前脚刚走，白军及其爪牙又来反扑，对村民百般欺压。虽然遍体鳞伤，但茶园人民照样挺直腰杆，勇敢地照顾这些红军伤病员。

村民们发现，由于山高林密，白军及其爪牙白天才敢来村里搜查，一到晚上都赶回了城里。为了保护红军伤病员的安全，村民们与反动势力斗智斗勇。白天，村民们煞费心思地乔装打扮，借进山砍柴的机会，给藏在山洞里的伤病员送饭、熬药。到了晚上，天气转寒，山洞太冷，村民们不敢打

群众组织担架队帮助红军护送伤员

火把，借着月光，踏着夜色，肩背、手抬、搀扶，抄小路又把伤病员们接回村里……为了给伤病员加强营养，白零媛还把家里唯一的一只老母鸡炖了。

就这样，30多天里，在村民们的精心照顾下，除了一位重伤员因救治无效牺牲后被掩埋在大指被岭外，其余红军伤病员均得到了及时救治，康复后都陆续去追赶长征大部队了。

中华人民共和国成立后的1976年，宜章文化馆的文化专干知道这个故事后，几名编剧、演员在茶园蹲点，将故事采编成祁剧《红军长征过茶园》，到多地进行会演，被人们四处传唱。

我在茶园村四处走访，虽然没有见到茶树，但周围绿意盎然、瓜果飘香，到处焕发着新的生机。

1934 年 11 月 7 日至 18 日，红军第一方面军第一、第三、第五、第八、第九军团及中共中央、中革军委机关和直属部队共 8.6 万余人，分左、中、右 3 路，经今瑶岗仙、里田、赤石、杨梅山、平和、五岭、白石渡、玉溪、梅田、浆水、长村、迎春等 12 个乡镇通过宜章，历时 12 天。

　　根据红军长征的路线，从宜章再往西进，就是临武与嘉禾。在嘉禾县甫口村，村口的赤珠岭山脚有一处红军墓，葬着 34 位红军战士的遗骨。在这里，彭家祖孙三代接力为红军守墓的故事流传已久，至今已 80 余载。彭子文的爷爷彭助立、父亲彭作恭都是"守墓人"，轮到彭子文，故事讲到了第三代。

　　1934 年 11 月 17 日，中央红军"红星"纵队后卫部队渡过钟水河向蓝山土市方向前进，经过嘉禾甫口村时，与国民党部队相遇，正面交锋在所难免，战斗从早上 9 时一直打到中午 12 时。次日，年仅 9 岁的彭作恭在父亲彭助立的带领下来到赤珠岭，只见牺牲的红军身体都被鲜血染红了。年幼的彭作恭很害怕，父亲却说："有什么好怕的，他们都是红军，是人民子弟兵，来救我们老百姓的。"于是，他带着儿子把这 34 具遗骸合葬了。

　　因国民党的军队还未离开，掩埋之事只能悄然进行。彭助立从附近河里找了块造型特殊的红色鹅卵石，放在坟上做记号，打算来年能够上坟祭拜。就这样，一个不起眼的红军土坟悄然出现在赤珠岭山脚下。

　　彭助立离世后，彭作恭担起了守墓的重任。1975 年，墓地仍只是个小坟头，连块石碑也没有，如何让后人瞻仰？于是，彭作恭决意给红军烈士立块碑。为此，他甚至"冒犯"了先辈，差点得罪了一众亲人。彭子文回忆，那时父亲的工资不高，根本没有余款立碑。他思来想去，向族兄族弟提出把自己祖父坟前的墓碑挖出来做成红军烈士的墓碑。在他的反复劝说下，亲人总算被说动了，石碑立了起来。他还把祖父墓碑上的碑文改写成了"红军烈士永垂不朽"。之后,他又组织当地甫南中学的师生,在红军墓周围栽种了松柏,并在往后每年的清明节,组织师生们前来为红军烈士扫墓。

2013年,彭作恭离世。他定居长沙多年的儿子彭子文为了守墓,最终选择回到家乡。

彭家祖孙三代,见证着这座红军墓从一个小坟包,到有一块简陋的石碑,再到如今松柏环绕;也见证了通往红军墓的路,从羊肠小道,到石板路,再到现在的水泥路。墓在变,路也在变,但守墓的彭家人始终都在。

由湘南转入广西境内,红军到了苗族、瑶族和侗族群众的聚居区。中央要求,必须坚决执行群众纪律和民族政策,不准乱动群众一点东西。各部队要严格督促,严格检查,做到秋毫无犯。总政治部还特别指示,不打苗族土豪,绝不杀牛。红军翻越老山界时,陆定一等人看到路旁有一间房子,想进去歇息一下。屋里只有瑶族母子两人。陆定一记下了他与这位母亲的谈话。起初母子还有几分惊惶,当陆定一等人说起广西军阀对瑶族群众的压迫和红军的主张时,那位母亲哭了。她说,她曾有过自己的田地,但是被汉人统治者从土地上赶了出来,住到这荒山上来,租种人家的地,每年缴很重的地租。广西军阀特别欺侮瑶民,苛捐杂税尤重。红军如早些来,她们就不会吃这样的苦了。她问站在她面前的红军饿了没有,说着拿出仅有的一点米给他们煮粥吃。给她钱,她不要。恰巧来了位同志,带着米袋子,里面装着三天的口粮。虽然明知前面粮食有困难,陆定一等人还是把整个米袋子给了这位母亲。

红军是人民的子弟兵,部队官兵大多来自穷苦的劳动人民,是为了求解放才拿起枪杆子的。他们懂得，没有人民群众的养育和支持，自己就一天也生存不下去，革命也永远不会成功。

长征主力部队即将进入贵州第二大城市遵义之前，总政治部就在"三大纪律八项注意"之外还下达了八项注意的通令，要求整齐武装服装，不自由行动，不准私人向群众借东西，无事不要到群众家里去，不乱屙屎尿等。

红军宣传队在大街小巷贴满了标语，毛泽东、朱德亲自在群众大会上做演讲，宣布成立革命政权。官兵们与当地的青年学生开联欢会、赛篮球，大受欢迎。部队时时处处注意保护群众利益。

长征途中，无论是部队首长还是普通战士都严守"三大纪律八项注意"，他们将每一条内容牢记在心里，也把每一条纪律写在背着的包袱上，后面的人一抬眼就能看到，时刻提醒自己不要踩纪律的红线。严守纪律的感人故事每一天都在发生，不胜枚举……

红军进入云南省马龙县，敌军部队、飞机对红军围追堵截，红军日夜急行军。当地老百姓听信国民党宣传都躲藏起来了，村里见不到人。首长警卫员们跑遍了村庄都搞不到吃的。魏国禄正在发愁，突然在一个老乡家

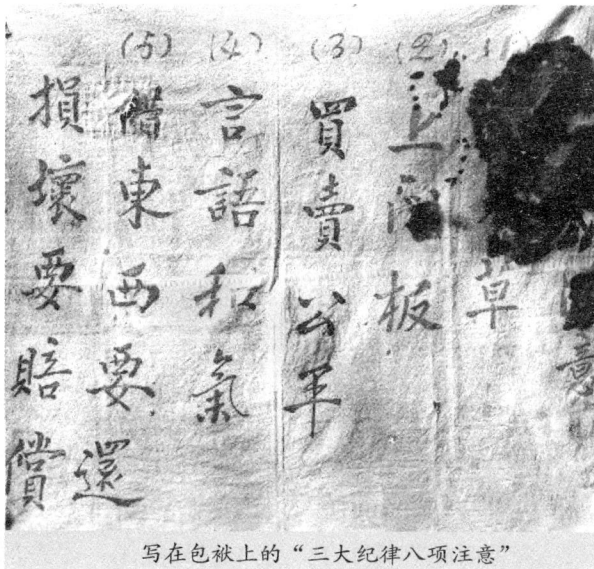

写在包袱上的"三大纪律八项注意"

里发现了两碗苞米饭和 10 个鸡蛋，他高兴极了，心想周恩来与部队日夜兼程急行军，日夜指挥作战，10 个小时滴水未进，于是端回去马上做好，赶紧给周恩来端去。

周恩来严肃地问："这些东西是从哪儿弄来的？"

魏国禄答："买来的。"

周恩来又问："多少钱？"

魏国禄答不上来，只好说："老乡家里没有人，把钱放下，怕丢了，想让你先吃上饭，再说。"

周恩来把碗放下，说："不行，你们从哪里拿来的，赶快送回哪里去！随便拿老百姓东西，违犯革命纪律，要好好检讨！"

魏国禄嘟囔着说："那我送回去算了。"周恩来要他首先思想上要认识清楚，范金标提议先写个检查。周恩来同意了。两个警卫员写了好几遍，最后定稿，大意是：大伯，大娘：我们红军路过此地，大休息时，我们一位同志一天没吃饭，想到村里买点东西吃，走了一圈儿，没有见到一个人，结果跑到你家里，拿了两碗苞米饭、10 个鸡蛋。这是我们违反了红军的"三大纪律八项注意"，应该向你们赔礼道歉。先给你们留下此条，内有银圆一块，作为苞米饭和鸡蛋的钱，请大伯大娘收下。

周恩来认真看过，说："你赶紧送去吧！"然后吩咐警卫员把鸡蛋和苞米饭分给张闻天、毛泽东、朱德、王稼祥等几个首长。

在荒无人烟的草地上，红军战士只有少得可怜的一点青稞面做干粮。

周恩来和战士们一样，绝不多吃一点青稞面，还教育战士们，为了能走出草地，北上抗日，一定要特别爱惜粮食。战士们听了他的话，都把仅有的青稞面装在粮袋里，拴在腰上。

青稞面越来越少了，战士们只能用一点青稞面掺在野菜里煮汤喝。

战士吴开生的青稞面吃完了，已经饿了两天，周恩来知道后，就让警卫员把自己省下的青稞面给吴开生两碗。他看着吴开生蜡黄的脸，语重心长地说："这是革命呀！"

吴开生流着眼泪说："我只要有一口气，就要跟你走出草地，革命到底！"

这天晚上又是狂风暴雨，用被单做成的帐篷自然挡不住风雨的袭击。战士们都淋成了落汤鸡。周恩来命令战士们都到他作为办公室的帐篷里去休息。

大家怕影响他工作，不肯去。

周恩来冒着大雨亲自来了，说："你们不去，我心不安。"周恩来的话像火烤暖了战士们的心。

这样走了几天，草地仍然无边无际。青稞面吃完了，野菜吃光了，军马也杀掉吃了。战士们只好烧皮带吃，甚至把随身带的纸张咽下去充饥，红军陷入了极大的困境。

周恩来命令把仅存的半碗青稞面全部分给大家泡水喝。

"那您吃什么呢？"警卫员急了。

周恩来两只大眼睛放出了严峻的光芒，清瘦的脸上肌肉抖动着："有同志们活着，就有我。只要多留一个战士的生命，就给革命事业增加一分力量，拿出来分掉！"

这掺上一点青稞面的热水，分到了战士们的手中。

战士们流泪了，这不足半碗的青稞面，是周恩来的心意和生命啊！

战士们又上路了。在茫茫的草地上，行进着摧不垮的钢铁红军。

进入番民地区后，从卓克基（小金川边）到昌德（黑水附近），饥饿的氛围，依然紧紧包围着行进中的红军。每天只有两个漱口杯的嫩豌豆苗和野菜，几个月见不到脂肪和肉类，盐早已绝迹了，大家的眼里，只想看看什么东西是可以吃的。

值此严峻时刻,毛泽东提出,敌人最怕我们接触群众,只要我们一接触群众,敌人的欺骗宣传就会破产。现在藏族同胞离我们不远,就在我们身边躲藏着,一旦他们了解红军是帮助藏族同胞求解放的,他们就会回来。环境越艰苦,我们越要严守纪律。军委命令各部队,不得随意动用藏民的财物。官兵们严守规定,缺粮时宁可上山采野菜充饥。很快就要进草地了,每人必须准备半月的口粮,部队派出工作队,四处筹集粮食。工作队来到一个叫瓦布梁子的地方,派人到各村去开会,宣传红军的主张,贴出保护藏民的告示,还在田里插了保护牌;对回家的藏民发放保护证,使其安心生活。越来越多的藏民返回家中,不再害怕红军,反而喜欢与红军接近,问长问短,还送东西给红军吃。红军又在藏族村庄中组建革命政权,保护贫苦藏民的利益。为了完成筹粮任务,红军采取向富人"借粮"的办法,对于那些为众人痛恨的藏族恶霸,发动藏民去其田里割麦,割下来的麦子分给藏民一半,红军一半。这种办法得到了贫苦藏民的拥护,他们帮助红军割麦运粮,不辞劳苦,不要报酬。红军离开时,他们捧着青稞酒来送行,说:"你们真好,为什么就走呢?你们走了,我们不晓得将来怎样。"靠着在藏区征集到的粮食,红军艰难地走出了草地。

冲破天险腊子口后,红军告别了蛮荒的雪山草地,进入人口稠密的地区。哈达铺是红军进入甘肃后遇到的第一个较大的镇子。这一带是回、汉族杂居地区,回民占人口半数以上。政治部门在官兵中进行了民族政策教育,颁布了守则。要求部队只有在征得回民同意后,方可进入回民村庄宿营;官兵不得擅自进入清真寺,不得损坏回民经典;不得任意借用回民器皿、饮具,不准在回民住处杀猪、吃猪肉;等等。每到一处,红军便派出宣传队,向回民群众开展宣传活动。这里是红二十五军长征时经过的地区，群众对红军有所了解，男女老少都走出家门欢迎红军。

红军快要抵达哈达铺的时候，远远看见正前方房屋鳞次栉比，炊烟接天，人山人海，老的、少的、男的、女的，箪食壶浆的，提茶荷水的，拥挤成群。红军官兵越走越近，越走越有劲，越看见群众的热烈越兴奋，数里的开阔地，俄顷就走到……大部队来了，满街塞巷的群众，噼里啪啦的爆竹声，"同志们辛苦了"的慰问声，"为回民谋利益，争取回民的解放"的回答声，连成一片，热闹喧天。

回民群众把官兵们请到家中，端茶送水，热情招待。红军严格执行群众纪律，秋毫无犯。离开时，红军把借用的东西照样送还，把地面打扫干净，向主人家再三道谢。长征万里，红军纪律严明，坚决保护群众利益，与人民群众建立起血肉相连、生死相依的关系。这也是长征胜利的根本原因之一。

民族情

　　红军长征是在一个完全陌生的环境下，但无论是行军还是宿营休整，红军始终不忘自己的宗旨和任务，力所能及地帮助群众，坚持做群众工作，向群众进行宣传，传播革命火种。红军在长征途中团结一切能够团结的力量，革命面前人人平等，各民族人人平等。

　　甲戌严冬那时期，
　　红军来到我苗区；
　　过了七天又七夜，
　　爱护百姓守纪律。

　　在广西龙胜各族自治县，苗族群众当中至今还流传着这样的歌谣。
　　1934 年，中国工农红军长征经过龙胜时，在各民族百姓中播下民族平等、民族团结、民族自治的种子。如今，这个地处湘、黔、桂边界，居住着苗、瑶、侗、壮、汉 5 个民族的山区小县，用一个个生动的事例，诠释着民族团结的含义，谱写出各民族和谐相处的时代新曲。

广西龙胜县龙坪寨的红军楼

湘江战役纪念馆工作人员蒋艳玲说，1934年11月29日，湘江战役鏖战正烈，在红军即将进入少数民族聚居区之际，红军总政治部下发《关于瑶苗民族工作中的原则指示》，主张民族平等。

龙胜县档案史志局党史专家赖若龙介绍，12月5日，红军进入龙胜县境内，所过之处，秋毫不犯，进寨后只借宿在群众的堂屋、屋檐下和楼底，既不损坏群众财物，也不向群众摊派钱和米，说话和气，买卖公平。

在泗水乡白面红瑶寨，一块巨石形似巨龙吐出的舌头，形成一个可以遮风避雨的岩洞。岩壁上，当年红军留下的关于民族政策的宣传标语还清晰可见。

龙胜县文新广体局副局长石凌广告诉我，红三军团第四师路过时，把长期躲在深山的头领请来，师首长在岩洞里跟他们交谈，为他们指明出路，并在岩壁上写下"红军绝对保护瑶民""继续斗争，再寻光明"的标语。瑶民顺着笔迹原样将标语雕刻成石刻。为了纪念此次会见，瑶族群众将龙舌岩改名为光明岩，后又改名为红军岩。

1951年，龙胜各族自治县成立，成为我国中南地区第一个少数民族自治县。66年来，各民族融合不断加深，渐渐变成了"水乳交融，各族相通"的关系。

红军渡过金沙江进入四川凉山地区的时间是1935年5月。蒋介石为了剿灭红军，调集了几十万大军，妄图把红军堵在大渡河以南。受党中央委托，刘伯承、聂荣臻带领红军先遣队英勇作战，为全军开路。

作为红军统帅的毛泽东心里十分清楚，红军渡过金沙江，暂时摆脱了蒋介石重兵的围追堵截，达到了"北渡长江，进入四川境内"的战略目的。但是，还未能实现与红四方面军会师，而要到川西北，或川陕甘去创造新苏区，找到一个落脚点，还需要战胜许许多多的困难，而当前的首要困难就是必须迅速飞越"天险"大渡河。

从泸沽到大渡河在当时有两条路：

一条是当时的大路。从泸沽东面翻越小相岭，经越西县城到大树堡，由此渡过大渡河，便可直逼雅安，威胁敌人在四川的心脏——成都。

另一条是小路，而且是崎岖难走的羊肠山路。从泸沽北面到冕宁县城，然后通过拖乌彝族聚居区到达大渡河边的安顺场。

在当时，人们视途经彝族区的小路为畏途，军队尤其是汉人军队要通过这一地区是很不容易的。

熟悉中国历史的毛泽东知道，在72年前的1863年，也是在5月，太平天国的著名将领、翼王石达开曾率数万大军，到达大渡河的紫打地（今安顺场），就是被大渡河所阻。清军勾结当地少数民族统治者土千户王应元、土司岭承恩，对石达开的部队围追堵截，致使石达开及其部队进退无路，辎重全失，妻儿七人投入大渡河，全军覆没，石达开为四川总督骆秉章所获，被害于成都。

毛泽东知道，他的对手蒋介石绝不会放过消灭红军的这个机会，他在思考与谋划，如何与蒋介石进行新一轮的较量。

蒋介石也熟知石达开在大渡河全军败亡的故事。当他得知红军渡过金沙江，向大渡河急进的消息后，认为消灭红军的机会来了，他决心要使红军重演 72 年前太平天国将士全军覆灭的悲剧，让毛泽东成为第二个石达开。

为在大渡河一带围歼红军，蒋介石绞尽了脑汁，他断定红军只敢走大路而不敢走小路，因此，他为在大路上围追堵截红军下了大本钱。

1935 年 5 月 10 日，蒋介石从贵阳飞抵昆明，以便就近督促各路人马围攻红军。一到昆明，他立即给其在大渡河南北的各路部队发电说：大渡河是太平天国石达开全军覆灭之地，今红军已进入这崇山峻岭、一线中天、江河阻隔、给养困难的绝地，必步石达开之覆辙无疑。他命令各部：努力作战，建立殊勋。蒋介石为了提高部下在大渡河地域歼灭红军的信心，竟然不惜编造历史，把在大渡河失败的 4 万军队夸大为80 万。

毛泽东决心打破蒋介石的如意算盘。他明白，蒋介石部署的大渡河会战的关键是固守大渡河，不使红军渡河，待尾追红军的 10 万中央军渡过金沙江后，在金沙江与大渡河之间的深山峡谷中南北夹击红军。打破蒋介石如意算盘的关键是赶在中央军追上来之前渡过大渡河。可是，怎样才能渡过大渡河呢？

毛泽东决定避开大路而选择小路，他断定蒋介石以为红军不敢走小路，因此小路的防备一定较弱。他决定组织一支先遣队，侦察了解大渡河边国民党军队的布防情况，以决定从何处渡过大渡河及如何渡过大渡河。这是一个艰巨的任务，关系红军的前途。派谁去呢？他首先想到了红军总参谋长刘伯承。

1935 年 5 月 19 日，中央军委任命刘伯承为先遣队司令员，红一军团政治委员聂荣臻担任先遣队政治委员，任命红一军团政治部组织部部长萧华为群众工作队队长。

从冕宁到大渡河，中间隔着大凉山地区。这里聚居着中国西南部的一个少数民族——彝族。彝族是我国具有悠久历史和古老文化的民族之一，他们世代繁衍生息在群峰耸立、气势磅礴的康藏高原和云贵高原的东南部边缘地带。数千年来，彝族一直参加我国各种军事、政治、经济等活动，为缔造我们伟大的祖国，维护统一，做出了巨大的贡献。

可是，这样一个伟大的民族，聚居在大凉山的部分，在当时由于生产力和生产关系的落后，还是一个尚处在奴隶社会的民族。由于历代反动统治阶级一贯推行民族压迫政策，对彝族军事上征剿，政治上歧视，经济上掠夺，文化上同化，使彝族人民遭受了深重的苦难。狡黠的汉族商人经常利用彝族人民的朴实诚恳，对他们进行欺诈和剥削；国民党军阀的军队又经常对他们进行"剿讨"和抢掠。这一切，都引起了彝族人民对汉人的猜忌和敌视，种下了极深的成见。他们特别反对汉人的"官兵"入境。在这种情况下，要想顺利地通过这个地区，不是一件容易的事情。

但为了争取时间，又必须经过大凉山的彝民区。在当时，赖以克服这个困难的唯一武器，就是党的民族政策。先遣队临行前，毛泽东亲自向刘伯承、聂荣臻指出：先遣队的任务，不是去与彝族群众打仗，而是去宣传党的民族政策，用政策的感召力与彝民结成友好，争取说服他们，用和平的办法借道彝民区。只要全体红军模范地执行纪律和党的民族政策，就一定能取得彝族人民的信任和同情，彝民不但不会打我们，还会帮助我们通过彝族聚居区，抢先渡过大渡河。

冕宁以北的拖乌地区为彝族聚居地，彝族同胞尚处于奴隶社会，按照果基、罗洪、倮伍三支划分区域，形成各自的大小部落，彼此经常互相"打冤家"，械斗不息。由于国民党反动派和地方军阀的长期压迫，各部落彝民对汉族的隔阂、猜疑很深，存在着根深蒂固的敌对情绪，这就给红军通过彝区带来很大困难。

由刘伯承、聂荣臻率领的先遣部队于5月21日到达冕宁大桥，经过调查研究，找好了向导和通司（翻译），于22日进入彝区。在红军过额瓦垭口时，发现树林中有成群结队的彝人出没，并发出呼啸，企图阻止红军前进。部队被迫缩短行军距离，走到彝海子，突然从身后的额瓦方向传来枪声，也涌出成百上千的彝人，手舞大刀长矛和棍棒，高声吼叫着向红军靠近。接着，后面传来消息说：跟在后面的工兵连因掉队和没有武器，所带的工具、器材都被彝人抢光，衣服被剥尽，被迫走原路退回出发地。这时，先遣部队面临着前有包围、后有袭击的严峻局面，红军坚持执行党的民族政策，绝不打枪，于是部队停止前进。

在通司（翻译）向彝人喊话、做宣传解释工作还不见效果时，忽然从山谷垭口处有几人骑骡马奔来，通司认得为首者是果基支头人果基小叶丹的四叔果基约达。通司上前联系，说红军首长要同他谈话。果基约达欣然同意了，当即解散了集聚的人群。红军群众工作队队长肖华同果基约达就地坐下，进行交谈，说明红军是为受压迫的人打天下的，此来并不打扰彝人同胞，红军刘司令统率大队人马路过此地，只是借路北上。并根据彝人十分重义气的特点，又告诉他，刘司令愿与彝族头人结为兄弟。起初，果基约达有些半信半疑，可是，当他环顾红军的军纪十分严明，并不像地方军阀军队那样恶狠狠地涌进堡子烧杀抢掠时，便消除了怀疑，接受了结盟意见。

群众工作队队长萧华率红军来到果基的地盘时，"果基"与"罗洪"正在械斗。果基家系凉山彝族传说中的两个始祖之一的曲涅之后裔，为凉山地区最大的家支之一，小叶丹是"果基"家的领袖，他欣然答应与红军结盟。

萧华将此事报告刘伯承、聂荣臻后，刘伯承立刻骑马来到彝海子边。同时，果基小叶丹带领当家娃子（即从奴隶中选拔出的管家）沙马尔各子也来了。果基小叶丹见了刘伯承，便要摘牛黑帕子行磕头礼。刘伯承急忙上前扶住说："大哥不要这样。"果基小叶丹问："你是刘司令？"刘伯承答："我是司令。"果基小叶丹接着说："我是小叶丹，我们大家讲和不打了。"刘伯承即告诉果基小叶丹说，红军是共产党领导的军队，是为受压迫的人打天下的。共产党实行汉彝平等，同彝族是一家人，自己人不打自己人，要团结起来去打国民党军阀，以后红军回来，大家过好生活。这样，通过通司和沙马尔各子做翻译，很顺利地达成了协议。于是，刘伯承和果基小叶丹欣然决定，在彝海子边杀鸡喝血酒，结拜兄弟。

果基小叶丹叫人找来一只鸡，但没有酒和酒杯。刘伯承便从红军警卫员皮带上解下两个搪瓷，叫警卫员舀来彝海的水，以水代酒。沙马尔各子杀了鸡，将鸡血滴入两个缸子后，小叶丹要刘伯承先喝，按照彝人风俗，先喝者为大哥，兄弟就应该服从大哥。刘伯承高高地端起瓷缸，大声地发出誓言："上有天，下有地，今天我同果基小叶丹在彝海子边结为兄弟，如有反复，天诛地灭。"说完后一口喝下血酒。果基小叶丹笑着叫"好"！也端起瓷缸来大声说："我小叶丹同刘司令结为兄弟，愿同生死，如不守约，同这鸡一样地死去。"说完后也一口喝干酒。刘伯承当众将自己随身带的左轮手枪和几支步枪送给了果基小叶丹。果基小叶丹也将自己骑的黑骡子送给了刘伯承，结盟便告结束。

傍晚，红军先遣部队仍然返回大桥宿营。刘伯承邀请果基小叶丹叔侄一同到大桥。红军把街上所有的酒都买来，又按价付钱收下群众送来的猪羊肉，设宴祝贺结盟。同时还邀请了罗洪家支的头人罗洪作一和当地汉人陈志喜等一同赴宴。刘伯承代表红军将一面书写着"中国夷民红军沽鸡（果基）支队"的红旗授予果基小叶丹，并即席讲话，劝解彝人内部不要"打冤家"，汉保彝，彝保汉，团结打刘家（指四川军阀刘湘和刘文辉）。

次日，红军先遣部队在果基小叶丹的指导下，通过俄瓦彝海子向北前进。沿途山上山下，到处是成群结队的彝人，发出"啊吼"的呼喊声。不过，这次的呼喊声不像昨天的怒目相待，而是笑逐颜开地欢迎和欢送了。刘伯承在喇嘛房与小叶丹分手，红军留下参谋丁伯霖做后续部队的联络员。果基小叶丹派娃子（即奴隶）沙马尔各子、沙马巴黑、果基子达、果基特达做向导，把刘伯承、聂荣臻率领的部队一直护送到筲箕湾，再由果基阿最支送到岔罗，出了彝区，直抵安顺场。从此，红军的后续部队便沿着"彝海结盟"这条友谊之路，顺利地通过了敌人估计无法通过的彝区。

红军走后，许多彝民为了纪念红军，把当年出生的孩子取名为"红军子"或"红军姆"（即"红军女"之意），还有许多人冒着生命危险，把红军留下来的东西保存起来，爱如珍宝。

特别是红军果基支队，他们举着刘伯承所赠给的旗帜，牢记刘伯承"一个指头没有劲，十个指头捏在一起力量就大了"的话，不仅自己拿起武器和国民党反动派展开了长达数年的游击战，而且还联合了倮伍、罗洪家族的武装一起组织成游击队，打击国民党派到这一带的军队，有名的扯羊村和野鸡洞保卫战，就是他们参加的。

在那艰苦的斗争岁月里，果基支队的战士们眼看自己的房屋被焚毁、牛羊被抢劫，却千方百计地保住刘伯承所赠给的旗帜。小叶丹把这面红旗当作民族团结的见证和民族解放的希望，身边的许多东西都丢掉了，唯有"中国彝民红军沽鸡（果基）支队"的旗帜始终保存着。他将这面旗帜藏在背篼下面特制的夹层里，从这里转移到那里。在最艰难的时刻，小叶丹含着热泪勉励自己的妻子和弟弟，不要忘了刘伯承的嘱托，不要忘记共产党红军的恩情。他说："红军一定会回来的，刘伯承我信得过，他绝不会骗我。万一我死了，你们一定要保护好这面红旗，将来把它亲手交给红军。"

一年一度的火把节，他们总是聚集在彝家海子旁边，跳起锅庄舞，放声歌唱：

清清海水流不尽啊，

红军啊，"三斗三斤"（意为很多），

红军一去已数春啊，

也不呀，捎个信。

彝家盼红军啊，

三天三夜呀，说不尽。

·········

彝家受尽千年苦啊，

彝家有苦无处倾。

一心啊，盼红军，

盼您啊，回来救彝家人，

当年的红军终于回来了。

彝海结盟纪念碑

有座刘伯承的戎装雕像矗立在当年他们行军的路上。这座于1981年1月1日落成的"彝海结盟"纪念碑坐落在川西的西昌市中心，碑体用凉山特有的红砂岩，整体雕塑刘伯承和小叶丹两人的戎装立像，正面碑座上有"彝海结盟纪念碑"7个苍劲飘逸的金字，由时任中共中央总书记胡耀邦同志题写。

　　"彝海结盟"是中国工农红军严守"三大纪律八项注意"以及民族政策在实践中的体现和重大胜利，保证了中国工农红军顺利通过凉山，在当时极端困难的情况下，为红军主力保存了宝贵的有生力量，给奇迹般的万里长征增添了光彩的一笔。在通过彝区的过程中，中国工农红军提出了"中国工农红军，解放弱小民族；一切夷汉平民，都是兄弟骨肉""设立夷人政府，夷族管理夷族"等主张。在少数民族地区，这些民族政策比"三大纪律八项注意"的军规更加严厉，为革命胜利后制定民族政策和民族区域自治制度打下了坚实的基础。在彝海，红军还建立了第一支少数民族地方红色武装——中国夷民红军沽基（果基）支队。

　　红军离开时，"已午夜，但居民半数以上均手擎油稔或蜡烛，鹄立门口，替红军照路，并有提壶携盏，亲爱的缓声的招呼吃茶。夜神被赶走了，半里的长街，成了光明喧闹的白昼"。一些彝民主动要求当红军，仅在越西一地红十一团就扩军700余人，其中彝民达百余人，为此单独组成了一个"倮倮连"。《红军长征记》讲述了一个"倮倮"王木冷的故事。王木冷家中7口人，靠租种别人的土地过活，家中很贫苦。他听说红军是救穷人的，坚决要求参加红军，参军后被编在红三军团第四师的通信班，担任架设电话线路的工作，很辛苦，但他不畏劳苦，坚决留在红军队伍里。

一切行动听指挥

长征为什么会胜利，红军为什么会胜利，无数人都在寻找胜利的密码。其实很好理解，"三大纪律八项注意"就是红军无往不胜的力量源泉，它第一条就清楚明白地告诉了世人：一切行动听指挥，步调一致才能得胜利。

遵义会议后，中共中央和中革军委决定迅速脱离敌军重兵压境的遵义地区，北渡长江到川西或川西北建立革命根据地。1935 年 1 月 20 日，红军总司令部下达《野战军渡江作战计划》。

遗憾的是，红军进占赤水受挫，在土城又与尾追的川军陷入苦战，北渡长江的计划落空。

土城之战有多危急？当时，红军总司令朱德亲自下到了一线指挥，就足以说明当时的紧急情况，川军甚至攻到了中革军委指挥所的前沿……

苦战受挫，红军召开紧急会议，做出撤出战斗的决定，命令部队在敌人封锁渡口之前全力撤退，渡过赤水河。

今天，站在浊浪翻滚的赤水河畔，我们很难想象，那支疲惫不堪的"败军"是怎样完成了渡河。而这扣人心弦的场景，拉开了更为惊心动魄、堪称光彩神奇的"四渡赤水"的大幕。

检验一支军队的纪律性，不仅在得胜之时，也在兵败之际。败而不乱，这正是红军在一次次艰险考验面前靠"一切行动听指挥"锻造出的坚韧品格。

这种品格，让红军一次次创造奇迹。同一条赤水河，红军来来回回渡了4次，绕得追兵晕头转向。面对一次次从四面八方围拢过来的敌人，红军只要行动稍有迟缓，就有可能陷入绝境。可以说，每一次渡河，都伴随着一道道急如星火的军令。

更难的在大渡河。

黄开湘、杨成武曾为一份命令倒吸了一口凉气——

黄、杨：军委来电限左路军于明天夺取泸定桥。你们要用最高速度的行军力和坚决机动的手段，去完成这一光荣伟大的任务……

这份命令意味着，红四团必须在一天之内奔袭240里的艰险山路。

千难万难，军令如山。杨成武说："'三大纪律八项注意'第一条就是'一切行动听指挥'，命令就是命令！必须服从！"没有时间进行动员，红四团立即跑步前进。在一处较窄的河道，他们能够看到对岸打着火把增援泸定桥的川军。远远望去，两条火把长龙在河岸两边"赛跑"，几十公里后，对方宿营了，而红四团继续冒雨奔袭，终于按时到达并夺取了泸定桥。

2003年7月，来自英国的两个年轻人李爱德、马普安，决定挑战当年中央红军红四团从安顺场奔袭泸定桥的速度：一昼夜240里。结果，他们晚到了13个小时。这实在是时过境迁的两种历史空间，也许他们并不清楚，即使他们真的在一昼夜内到达了泸定桥，和当年的红军奔袭也依然没有多少可比性。当时的崎岖小路现在已经变成了平坦的公路；红军沿途还作战两次，消灭掉一个营的川军。

历史永远记住了 1935 年 5 月 29 日的那个清晨，一昼夜奔袭 240 里的红四团的勇士们，他们用行动告诉世人——军人以服从命令为天职。红军正是用"一切行动听指挥"保证了完成任务的决绝与担当，让逆境从泸定桥那 13 根晃悠悠的铁索上渡了过去。

半个世纪后，一位叫谢伟思的美国军官在泸定桥边慨然长叹："在近 50 年之前克服种种艰难而夺取这座桥的伟大红军战士面前，每个人都会感到自己的渺小。"

据一些老红军战士回忆，老百姓就是在红军夺取泸定桥后，开始称红军为"天兵天将"。

红军"神"在哪里？一是理想，二是纪律。一支能打仗、打胜仗的军队，必然军法如刀。一声令下，虽千万人吾往矣。很难想象，如果没有严明的纪律，在那些看似"不可能完成的任务"面前，在一座座雪山和险关面前，还会不会有一个个奇迹诞生。

山丹丹开花红艳艳

终年积雪、绵延 15 公里的岷山是中央红军长征途中翻越的最后一座雪山。1935 年 9 月 18 日，毛泽东拄着拐杖和大家一起沿陡峭的山道攀登。他鼓励大家说：努力爬，别停下，停下会冻伤的，坚持就是胜利！下午 3 时，红军胜利登上山顶。毛泽东仰望西天，心潮澎湃。

翻越岷山后的第三天，9 月 20 日上午，毛泽东、周恩来率部抵达甘南小镇哈达铺。群众热烈欢迎红军，纷纷把红军拉进家里。

当时，侦察连从哈达铺的邮局缴获了一批报纸，其中有一份天津出版的《大公报》。毛泽东从《大公报》上得知："全陕北 23 县几无一县不赤化""全陕北赤化人民 70 万，编为赤卫队者 20 余万，赤军者 2万""匪军军长刘志丹辖三师""枪有万余"。这份报纸上还有徐海东与刘志丹两支红军会合的消息。到陕北去！长征以来红军的目标和落脚点这个大问题，经过 7 次调整变化，现在终于确定了！毛泽东顿觉"柳暗花明""豁然开朗"。

毛泽东说："万里长征，千回百折，顺利少于困难不知多少倍，心情是沉郁的。过了岷山，豁然开朗，转化到了反面，柳暗花明又一村了。"

为此，毛泽东写下了经典名篇《七律·长征》：

红军不怕远征难，

万水千山只等闲。

五岭逶迤腾细浪，

乌蒙磅礴走泥丸。

金沙水拍云崖暖，

大渡桥横铁索寒。

更喜岷山千里雪，

三军过后尽开颜。

陕北的清晨，天高云淡，矗立在吴起县胜利广场中央的"中央红军长征胜利纪念碑"，显得格外庄严肃穆。纪念碑前，一条醒目的时间轴，从广场入口处一直延伸到纪念碑脚下："1934年10月10日，代号'红安'纵队离开瑞金；10月12日，中央和项英、陈毅等告别……"每一格刻度都是一段峥嵘岁月，最终定格在"1935年10月19日，吴起"。

吴起，这座名将之镇，在中国革命史上留有浓墨重彩的一笔。82年前的10月19日，纪律严明、训练有素的红军队伍历经两万五千里长征，叩开了陕甘边根据地的北大门，在这里落脚。13天后，他们从这里出发，竖起了救亡图存的大旗，播撒下胜利的火种。

在吴起革命纪念馆中，陈列着一口锈迹斑斑的水缸，虽然其貌不扬，却有个好听的名字——"红军缸"。

这个名字的背后是一段动人的故事。水缸的原主人是吴起镇居民张宪杰。当年，宿营在这里的中央红军做饭时，不小心把缸烧裂了。按照当时的规定，损坏群众的东西要赔偿，红军当即赔了张宪杰两块银圆。红军严明的纪律令张宪杰动容，他把水缸修补好，取名为"红军缸"。

1935年9月中旬，中央红军进占宕昌县哈达铺。在哈达铺，党中央从国民党报纸上获知陕北有一片苏区和相当数量的红军，决定将中央红军的落脚点放在陕北。10月19日，一支这样的队伍出现在吴起：他们因长途奔袭疲惫不堪、伤病缠身，很多人打着赤脚、衣衫褴褛。

"当时的吴起周边，总共只有20户居民。"吴起县党史研究室原主任蔺治中向我讲述，"大家谁都没见过红军，见镇上来了一群'赤脚片子'、听不懂方言的军人，吓得全都逃了。"

不拿群众一针一线，凡损坏的东西照价赔偿……红军以实际行动让谣言不攻自破——"原来这是跟陕北红军一样的中央红军！"群众奔走相告，纷纷回到吴起。

自己的事情自己解决，不麻烦群众，这是红军落脚吴起伊始就立下的规矩。为了不挤占群众的住房，红军部队整齐有序地露宿在院子里、大路边。"延安五老"之一的谢觉哉，甚至在麦地里和衣而卧，"稳睡恬如春夜暖，天明始觉满身霜"，但谢老甘之若饴。

红军打破了村民的一个瓷盆，赔了5角钱；受惊的马踩坏了村民的猪食槽，赔了1块银圆……感人的故事在当地广为传颂。

"锣鼓响，秧歌起。黄河唱，长城喜。陕甘军民传喜讯，征战胜利到吴起"，这支坚强之师凭借严明的纪律，赢得了群众的真心拥护。吴起，成为中央红军长征的落脚点，西北根据地也由此成为中国革命的大本营。

> 一道道的那个山来哟，一道道水，
> 咱们中央噢红军到陕北。
> 一杆杆的那个红旗哟一杆杆枪，

咱们的队伍势力壮。

千家万户把门开。

快把咱亲人迎进来，

热腾腾儿的油糕摆上桌，

滚滚的米酒捧给亲人喝。

围定亲人热炕上坐。

知心的话儿飞出心窝窝。

千里的那个雷声噢万里的闪，

咱们革命的力量大发展。

山丹丹的那个开花哟红艳艳，

毛主席领导咱打江山。

　　嘹亮高亢的陕北民歌《山丹丹开花红艳艳》在风中飘荡，夹着高原黄土的气息，也带着边区人民的热情。

　　见到老红军康文华，是在他自家的窑洞前。熨帖的军装、洁净的衬衣，阳光下，胸前的功勋章熠熠生辉。面前这位"盛装"的老人精神矍铄，用颤巍巍的手敬了一个标准的军礼。

　　97岁的康文华1935年加入陕北延长游击队时，年仅16岁。红军胜利会师后，有许许多多像康文华这样的战士，成为注入红军部队的新鲜血液。

　　谈起在部队印象最深刻的经历，康文华反复念叨着一个"严"字："群众的东西绝不能拿，否则后果很严重。"有一个故事令康文华记忆犹新：一个勤务兵曾为了做草鞋，偷拿了群众的鞋底。鞋底虽小，但群众纪律不可违。经过一夜的思想斗争，首长含泪做出非常严厉的决定。从此，康文华懂得，捍卫铁的纪律，有时甚至要付出惨重的代价。

位于吴起东南的甘泉县象鼻子湾村，是中央红军和红十五军团的会师地。昔日的小树林已长得高大挺拔，透过郁郁葱葱的树冠，能看到远方的洛河缓缓穿过绿油油的农田，游走过历史的年轮。

在村前树林里的土台上，毛泽东发表了著名的"雪地讲话"，宣告了长征的胜利。中国工农红军胜利了，但纪律要求永远在路上，它宛如昼夜通明的华灯，照着战士们继续上路。

和康文华一样，米生禄的父亲米保存也是在当地参加陕北红军的，中央红军在陕北扎根后，他跟随红军南征北战。米生禄告诉笔者，父亲所在的部队每转移到一个村庄，都会按价向老乡购买粮食。不宽裕的时候就打借条，这些借条后来全部一一兑现。无论条件多苦，也无论职位发生什么变化，这条纪律被一直恪守。

一切行动听指挥，不拿群众一针一线，买卖公平……"三大纪律八项注意"不仅是每位战士耳熟能详的行为规范，更在潜移默化中锻造了这支队伍的军魂。

翻阅长征的史料文字，有一张红军离开吴起向延安进发时的剪影：他们面容憔悴，衣衫不整，许多战士赤脚打着裹缠，长裤变成了短裤，腿上和前后背裹着麻袋片……"中央红军在吴起的13天，用过硬的作风赢得了人民群众的衷心爱戴。"延安革命纪念馆馆长张建儒说，"从吴起出发，红军在陕北耕耘13年，严明的纪律观念已融入中国共产党人的骨血，最终成为与延安精神一脉相承的宝贵财富。"

从井冈山到延安，毛泽东对红军的战略大转移做了精辟的总结，对它的意义做了高度的评价，他说："我们长征12个月零2天，共367天，我们完成了伟大的远征，这是历史上从来没有过的呀！自从盘古开天地，三皇五帝到如今，只在我们红军才有这个气魄，才有这个决心！长征是宣言书，向全世界宣传红军是英雄好汉，蒋介石反动派是没有用的。它又是宣传队，向 11 个省的广大老百姓宣传了共产党、苏维埃和工农红军的解放道路。它又是播种机，在 11 个省播下了革命的种子，将来一定会开花结果的。"

延安的枪声

　　会聚在延安的人一天天多起来，这片红色热土吸引着全国各地一批又一批有志青年、有志之士，他们从四面八方包括从国民党统治区冲破封锁，跋山涉水，奔赴延安和陕甘宁边区投身革命。一位名为埃德加·斯诺的美国青年也来到了这里，他是带着疑问来的。

　　1936 年 6 月，埃德加·斯诺从北平登上了开往西安方向的火车，火车驶过的隆隆声响和滚滚浓烟，早已随着西行的沿途风景消散在过往岁月中。再从西安辗转到陕北，作为第一个打破新闻封锁、探访"红色中国"的西方记者，他的心情既兴奋，又有些忐忑。

　　红军是不是一批自觉的马克思主义革命者？它是一支有纪律的军队吗？它的士气怎么样？官兵生活真是一样吗？违反了纪律的军人会受到怎样的处罚？会枪毙吗？……从国统区到苏区，为期 4 个月的旅程中，斯诺带着这一系列问题一路经历、一路访谈、一路思考，心中逐渐有了答案——

　　红军对于纪律"似乎都是自觉遵守的"。走过私人果园时，没有人去碰一碰里面的果子，在村子里吃的粮食和蔬菜也是照价付钱的；

早在井冈山时期，红军就规定了三条简明的纪律：行动听指挥，不拿贫农一点东西，打土豪要归公。1928年以后，又添了八项。"这八项执行得越来越成功，到今天还是红军战士的纪律，他们经常背诵"；

"共产党所采用的方法和组织都讲严格的纪律，如果不是亲眼看到，是很难相信的"；

……

斯诺记录着一路上的所见所闻，他敏锐地观察到，共产主义思想本身固有一种纪律，也正是严明的纪律赋予了中国共产党所领导的红军团结、勇敢、顽强等优秀品质，推动着这支军队成长壮大、走向胜利。

也在这个时期，山西太原友仁中学16岁的女青年刘茜来到延安，她被分配在中国人民抗日军政大学（以下简称"抗大"）第十五队学习。那时延安年轻人多，多数尚未结婚，外来的青年都很崇拜长征干部。刘茜在这里认识了"抗大"第十五队队长黄克功，一位战功赫赫、身居高位的军人。然而命运阴差阳错，刘茜不幸死于这位能征善战的勇将的枪下。

黄克功被捕以后，没有被送到法院，而是被关在延安西山路边上的一间破房子里。其间还有人安慰过他，告诉他："这个事儿估计最高判5年徒刑，罚你最多也就3年，你有这么多的同学都在延安，你还怕这个事儿解决不了吗？"

最终，审判的重担落在了陕甘宁边区高等法院代院长、审判长雷经天身上。巧合的是，该案发生前不久，国民党内"桃色事件"骤起：蒋介石的黄埔爱将张钟麟因情感纠葛枪杀妻子而受审，蒋以"爱才"之名特赦之。而后张钟麟改名张灵甫再度奔赴前线。

在此种情况下，请求毛泽东特赦黄克功的呼声自然不小。

其时，国民党为阻止全国各地和海外华侨青年涌向延安，拿黄克功案大做文章。国民党的喉舌《中央日报》率先将此案作为"桃色事件"大肆渲染，攻击和污蔑边区政府"封建割据""无法无天""蹂躏人权"。这些叫嚣一时混淆了视听。

此案发生在国共合作抗日、共产党局部执政的特殊形势下，备受各界关注。对于这样一个曾经的功臣，究竟该让他以命抵命就地正法，还是让其戴罪立功战死沙场？依什么法来审理此案？在刚刚建立起边区政府、法律条文尚不完备的情况下，此案处理得是否得当，在国内外都将产生深远的影响。所有这些，对于根据地延安和中国共产党都是新考验，而且直接关系人民对共产党的信赖、关系共产党能否取信于民的根本问题。

中共中央、中央军委、边区政府高度重视。经党中央同意，延安各单位围绕这一案件组织讨论。大家的很多议论集中起来不外乎两种。一种看法：黄克功身为老革命、老红军、老共产党员，强迫未达婚龄的少女与其结婚，已属违法，采取逼婚手段，更违反了边区婚姻自主原则。他不顾国难当头，个人恋爱第一，达不到目的就丧心病狂地杀害革命同志，这无异于帮助民族敌人，实属革命阵营中的败类。他触犯了边区刑律，破坏了红军铁的纪律，应处极刑，以平民愤。第二种看法：黄克功犯了死罪，从理论上说应该处以死刑。不过，在这样的国难时期，应该珍惜每一个像黄克功这样年轻有为、曾屡建战功的有用人才，他杀死刘茜，已经损失了一份革命力量，如果我们再杀黄克功，又将失去一份革命力量。应该免除他的死刑，叫他上前线去戴罪杀敌，让他的最后一滴血为中华民族解放而流。

黄克功被捕认罪后，也曾幻想党和边区政府会因为他资格老、功劳大，对他从轻处罚。他还写信给毛泽东，除对自己的罪行进行忏悔外，请求法院姑念他多年为革命事业奋斗，留他一条生路。"抗大"副校长罗瑞卿在研究此案的会议上强调说："黄克功敢于随便开枪杀人，原因之一就是自恃有功，没有把法律放在眼里，如果我们不惩办他，不是也没有把法律放在眼里吗？任何人都要服从法律，什么功劳、地位、才干都不能阻挡依法制裁。"毛泽东认为，黄克功是一个能征善战的勇将，但若因其曾立大功而赦免，那天下人将会怎样看共产党？毛泽东怒道："这是什么问题？这样的人不杀，我们还是共产党吗？"他马上派人告诉雷经天：不能依据重庆的国民政府法律来审理，延安要司法独立，而且要公开审判、阳光审判。

1937 年 10 月 11 日，那是案发后的第五天早晨。设在陕北公学里的公审大会会场悄悄地搭起来了。十几张桌子一字排开，铺着白布。来自各学校、部队和机关的人群将现场围得水泄不通。

当时，中央党校的金铁群和吉汉杰作为代表，出席和目睹了这一公审大会的始末。他们看见在不远的延河对岸，毛泽东朝这里张望着，直到审判大会快要开始时，他才背着双手，低着头，神情凝重地走回窑洞……

毛泽东的内心能不纠结吗？他百感交集。

黄克功是他看着一步步成长起来的年轻将领，当年十几岁的黄克功和哥哥黄继功跟着他上了井冈山，兄弟二人都勇猛善战。在长征途中，黄继功率一个连阻击国民党一个团，牺牲在战场上。

但毛泽东也深刻地意识到，军队的纪律问题关系革命成功与否，关系人心向背。

审判大会的现场气氛凝重而又肃穆，审判庭由审判长雷经天，"抗大"、陕北公学群众选出的李培南、王惠子、周一明、沈新发 4 位陪审员及书记官袁平、任扶中组成。监察机关代表、"抗大"政治部干部胡耀邦、边区保安处干部黄佐超及高等法院检察官徐世奎为公诉人。

宣布开庭后，公诉人与证人先向大会陈述了黄克功事件的全部细节。公诉书中指出：黄克功对刘茜实系求婚未遂以致枪杀革命青年，在黄克功的主观上属强迫求婚，自私自利，无以复加。黄克功曾系共产党员，又是"抗大"干部，不顾革命利益，危害国家法令，损害共产党的政治影响，实质上无异于帮助日本汉奸破坏革命，应严肃革命的纪律，处以死刑，特提请法庭公判。黄克功被带了上来。法官让他发表个人申诉，他坦白交代了犯罪经过并做了扼要检讨。他唯一申诉的就是一句话："她破坏婚约是污辱革命军人。"他请求让他讲述最后一个愿望："死刑如果是必须执行的话，我希望我能死在与敌人作战的战场上。"

休庭片刻后重新开庭，雷经天庄严地、一字一顿地宣布了判处黄克功死刑并立即执行的决定。此判决书定性其罪，称："值兹国难当头……我们用血肉换来的枪弹，应用来杀敌人，用来争取自己国家民族的自由独立解放，但该凶犯黄克功竟致丧心病狂，枪杀自己的革命青年同志，破坏革命纪律，破坏革命团结，无异帮助了敌人……"

随后，黄克功便跟着行刑队穿过坐在东北侧的人群，向刑场走去。刚刚成立的边区高等法院办理此案，从侦破、审理、判决到执行不到一周，从办案速度、实效上，都显示了中国共产党义无反顾地清除党内腐化堕落分子的坚定决心，也充分体现了边区在特定历史条件和战争环境下实现司法公正的独特方式。

就在黄克功被推向刑场时，一匹快马很快送来了一封信。"毛主席的信！"这个消息像风一般传遍会场，黑压压的人群中禁不住起了一阵小浪打来似的骚动。黄克功在会场边也听到了。他情不自禁停住了脚步，面露一丝喜色。他比任何人都关心这封信，因为也许生死就在这一纸书信上发生瞬间变化。

　　大会主持人招手让黄克功回到原来的位置上，因为信中建议要当着黄克功的面向公审大会宣读。

　　雷经天同志：

　　你的及黄克功的信均收到。黄克功过去斗争历史是光荣的，今天处以极刑，我及党中央的同志都是为之惋惜的。但他犯了不容赦免的大罪，以一个共产党员、红军干部而有如此卑鄙的，残忍的，失掉党的立场的，失掉革命立场的，失掉人的立场的行为，如为赦免，便无以教育党，无以教育红军，无以教育革命者，并无以教育做一个普通的人。因此中央与军委便不得不根据他的罪恶行为，根据党与红军的纪律，处他以极刑。正因为黄克功不同于一个普通人，正因为他是一个多年的共产党员，是一个多年的红军，所以不能不这样办。共产党与红军，对于自己的党员与红军成员不能不执行比较一般平民更加严格的纪律。当此国家危急革命紧张之时，黄克功卑鄙无耻残忍自私至如此程度，他之处死，是他的自己行为决定的。一切共产党员，一切红军指战员，一切革命分子，都要以黄克功为前车之鉴。请你在公审会上，当着黄克功及到会群众，除宣布法庭判决外，并宣布我这封信。对刘茜同志之家属，应给以安慰与抚恤。

毛泽东

一九三七年十月十日

　　毛泽东情之殷殷，言之切切。雷经天的宣读声停止后，黄克功先是深深地低下了头，但旋即如梦一般醒来。此时，彻底释怀的他，反倒觉得无比轻松。他想，虽然自己犯下了不可饶恕的罪行，但自己毕竟是一名历经枪林弹雨的革命军人，于是，他高高地昂起头，朝着人群高呼了起来：

"中华民族解放万岁！"

"打倒日本帝国主义！"

"中国共产党万岁！"

黄克功被依法处决，延安的枪声传遍了整个陕北，在西安、太原等地都反响强烈，人们盛赞共产党和八路军公正无私、执法如山。相比于日呈腐败的国统区，大家不约而同地把中国希望的曙光委托于延安那一方土地。正如作为审判黄克功时公诉人之一的胡耀邦当时在抗大校刊《思想战线》上发表的文章所阐明的：“必须使我们全党知道，执行纪律也是教育形式的一种，如果我们开除了一个坏分子，不但不会使我们的队伍减弱，相反的只有使我们的党、我们的队伍更加强健起来！”

此外，中共中央和中央军委还严肃查处了一些具有较大影响的典型案件，并做出公开处理，以教育全党。某团政委刘振球，参加过五次反“围剿”战斗和长征，在平型关战役中身负重伤，荣立战功，但后来贪图享乐，贪污公款数百元，被开除党籍并受到法律制裁。对此，时任中央军委总政治部组织部副部长兼任军委直属政治部主任的胡耀邦，专门写了对刘振球案的主题评论“拥护开除刘振球的党籍，为党的事业奋斗到底”，表明坚决维护无产阶级政党法纪的决心。

纪律，正是铁的纪律，铸就了工农革命军、红军、八路军这支具有钢铁意志的胜利之师！严明的军纪，是这支军队不断发展壮大的“生命线”，无论普通战士还是高级将领都不可触碰的“高压线”，始终镌刻在鲜艳的军旗上，流淌在军人们的血液中。特别是在这支军队的最高领导者身上，严守纪律、发扬作风更是深入他们的灵魂与骨髓。

第三章 ★

团结一切力量

第二次国共合作

1937 年 7 月 7 日，日本侵略军向北平西南的卢沟桥发动进攻，制造了震惊中外的七七事变，发动了全面侵华战争。在这生死存亡的关头，只有全民族团结抗战，才是中国生存和发展的唯一出路。早在 1937 年 6 月 4 日，周恩来就带着根据此前杭州谈判意见而起草的《关于御侮救亡、复兴中国的民族统一纲领》上庐山，与蒋介石进行第一次庐山谈判。双方在会谈中对自己的主张互有坚持和妥协，既达成了一些共识，也仍然存在一些分歧，尤其是在红军指挥机关的设立上互不相让，谈判暂时告一段落。

七七事变的第二天，中共中央发布通电号召全中国军民团结起来，抵抗日本的侵略。7 月 15 日，中共中央将《为公布国共合作宣言》送交蒋介石。宣言提出发动全民族抗战、实行民主政治和改善人民生活等 3 项基本要求，重申中共为实现国共合作的 4 项保证。

1937 年 7 月 17 日，中共代表周恩来等在庐山与蒋介石继续谈判。同一天，蒋介石发表了准备抗战的谈话。1937 年 8 月 13 日，日军大举进攻上海，扬言 3 个月灭亡中国。1937 年 8 月中旬，中共代表周恩来、朱德、叶剑英同蒋介石等就发表中共宣言和改编红军问题，在南京举行第五次谈判，蒋介石同意将在陕北的中央红军改编为国民革命军第八路军（简称"八路军"）。

1937年8月22日至25日，中共中央在陕北洛川召开政治局扩大会议（洛川会议），通过了《抗日救国十大纲领》，提出了争取抗战胜利的全面抗战路线。8月25日，中华苏维埃中央革命军事委员会发布命令，中央红军改编为八路军，任命朱德、彭德怀为正、副总指挥。

关于红军改编为八路军的命令全文如下：

南京已经开始对日抗战，国共两党合作初步成功。为实现共产党中央给国民党三中全会红军改名之保证，使红军成为抗日民族战争的模范，推动这一抗战，成为全民族的抗日革命战争，以争取最后的彻底的胜利，特依据与国民党及南京政府谈判结果，宣布红军改名为国民革命军第八路军。

将前敌总指挥部改为第八路军总指挥部，以朱德为总指挥，彭德怀为副总指挥，叶剑英为参谋长，左权为副参谋长。总政治部为第八路军政治部，以任弼时为主任，邓小平为副主任。

第一军、十五军团及七十四师合编为陆军一一五师。以林彪为该师师长，聂荣臻为副师长，周子昆为参谋长，罗荣桓为该师政训处主任，萧华为副主任。

二方面军、二十八军、二十七军等部，合编为陆军第一二〇师。以贺龙为师长，萧克为副师长，周士第为参谋长，关向应为政训处主任，甘泗淇为副主任。

第四方面军及二十七军、二十九军、三十军等部，改编为陆军第一二九师。以刘伯承为师长，徐向前为副师长，倪志亮为参谋长，张浩为政训处主任，宋任穷为副主任。

以上之改编后人员委任照前总命令行之。

各师改编为国民革命军后，必须加强党的领导，保持和发扬光荣传统，坚决执行党中央与军委会的命令，保证红军在改编后应成为共产党的党军，为党的路线及政策而斗争，完成中国革命之伟大使命。

中央革命军事委员会

主　席　毛泽东

副主席　朱　德　周恩来

9月22日，国民党中央通讯社发表了《中共中央为公布国共合作宣言》。10月间，又将在南方15个地区的红军游击队改编为国民革命军新编第四军（简称"新四军"），任命叶挺为军长，项英为副军长，开赴华中抗日前线。至此，抗日民族统一战线正式形成，第二次国共合作开始。

投诚反正

在抗日战争前线，一首以《三大纪律八项注意》为原型改编的军歌在八路军中广泛传唱：

抗日军人个个要牢记，三大纪律八项注意：第一实行抗日的纲领，最后胜利才能有保证；第二服从上级的指挥，坚决杀敌才能得胜利；第三不拿人民的东西，到处群众拥护又喜欢。八项注意件件要做到，一时一刻切莫忘记了：第一进出宣传一定要，抗日主张远近都传到；第二早起内务整理好，室内室外脏物要打扫；第三说话态度要和好，接近群众语言最重要；第四买卖价格要公道，不准强迫群众半分毫；第五借人家具用过了，当面归还切莫遗失掉；第六若把东西损坏了，按价赔偿一定要办到；第七优待俘虏要周到，瓦解敌军工作极重要；第八到处厕所要挖好，绝对禁止随便拉屎尿；倘若把这规则破坏了，铁的纪律处罚绝不饶。抗日战士相互监督到，军民合作一齐赶强盗；到处民众动员起来了，最后胜利实现在明朝。

这首抗日军歌唱出了八路军夺取抗日胜利的决绝，也唱出了八路

"同志，不要踏麦苗！"八路军在行军过程中严守纪律，严格要求不能损坏老百姓的农作物

军对自身的严格要求。中国共产党团结一切力量抵抗日本侵略者，在抗日前线，八路军沿袭了红军时期对待俘虏的政策。八路军除遵守《三大纪律八项注意》，在优待伪军俘虏之外有七条具体规定：一是本军不杀俘虏并优待之，自动拖枪过来的发给反正奖金，其他枪械武器一概给奖。二是伪军俘虏的私人财物，一律都不没收。三是凡在火线受伤的伪军弟兄，概送医院留心医治。四是参加部队或回家，都由本人决定，愿回家的发给护照路费，愿留在本军工作的给以工作。五是反正或参加部队后，即和本军人员同样看待，衣服、衬衣、鞋袜等日用品都可向本军领取，不另扣除薪饷，家属有困难时，都可帮助解决。六是对反正的伪军弟兄待遇如前。结队反正的遵照本军总司令部命令，特别优待：（1）保持原有武器，绝不缴械。（2）部队编制，一本原状，不调动原有干部：生活薪饷等照旧。（3）帮助发展扩大，以充实抗战力量。七是尊重反正的伪军弟兄的正当的要求，设法解决各种困难问题。

这样的善待俘虏的政策，足以打动误入歧途的伪军，坚定其投诚反正之决心。

井冈山反"围剿"时期，红军团长杨至成用行动感召了国民党俘虏曹福海；在抗日前线，杨勇团长再一次用行动唤醒了日伪军的爱国之心。

1939年年初，八路军一一五师代师长陈光、政治委员罗荣桓率师部、师直属队和六八六团，遵照中共中央打到敌人后方去、开辟抗日根据地的指示，由山西出发，冲破敌人的重重封锁，于1939年春节后进入鲁西。

1939年3月2日，八路军一一五师师部、师直属队和六八六团进入郓城。中共郓城县委书记梁仞仟带领徐雷健、李仙鹤等县委成员，赶到县城西北状元张楼村的师部驻地，向代师长陈光、政委罗荣桓汇报了郓城一带的对敌斗争形势。当师首长了解到伪军刘玉胜部的恶行后，当即决定拔除樊坝伪据点，并将此任务下达给六八六团。

樊坝村位于县城西北8公里处，是全县最大的一个伪据点。樊坝据点北与范县、寿张县隔黄河相望，地势开阔，可攻可守，易于回旋；西紧临黄河金堤，金堤南北延伸，形成一道天然的防御屏障。对于郓城县城的日伪军来说，该据点既是向北扩张地盘的跳板，又是县城的一道防线，处于重要的战略地位。樊坝村分为前樊坝、后樊坝两个自然村，前、后樊坝村有一片树林相隔，一道交通沟，加强了两村间的战略联系。

樊坝据点的伪军团有500多人，装备小炮1门，轻机枪13挺，步枪400余支。其兵力布防是：后樊坝1个连，前樊坝南约1.5公里之团柳树村1个连，团长刘玉胜率其主力驻守前樊坝。前樊坝筑寨墙1道，墙外有寨壕2条，寨墙四角均修炮楼1座，高垒深壕，戒备森严，易守难攻。

八路军一一五师六八六团团长兼政委杨勇接受任务后，立即布置战前准备。当时六八六团经长途行军到达鲁西，未曾休整，加之过去部队始终在山区作战，缺乏平原作战经验，面对的又是郓城的"王牌"伪军，部队战士对拔除樊坝伪据点信心不足。针对此种情况，杨勇亲自召开动员会，指出了打好这一仗的必要性和重要性，深刻分析了此战的有利条件、不利因素和战胜困难的具体办法，使全体指战员信心倍增，精神振奋，一致表示一定要全歼樊坝之敌。

之后，杨勇派侦察人员化装成老百姓、商贩深入到樊坝村内及其周围，察看地形，了解敌情。在此基础上，六八六团研究制订了作战计划：三营担任主攻，一营、二营辅助攻击并准备打敌援军。具体部署是：在后樊坝、团柳树布置少量兵力；在后樊坝东 0.5 公里的潘渡村南的公路两翼设伏部分兵力，打击县城伪军的增援；团主力集中打击伪团部驻地前樊坝。

3 月 3 日下午，杨勇率六八六团从轩楼出发进入樊坝一带，此前杨勇做了战前总动员："主力，什么是主力？主力就是没有打不下的战役，没有守不住的阵地！我们是八路军主力，在山西打了大胜仗，我相信我们这次一定能够打好进入山东的第一仗！"杨勇的战前讲话不长，但铿锵有力、掷地有声，使指战员们群情激愤，必胜的信念更加坚定。

黄昏时分，部队进入樊坝以西，随即占领了黄河金堤一线，各部队按预定位置进入阵地。

整个战斗经历了 2 个阶段。

六八六团通过侦察，了解到敌人每晚两次将护寨壕上的吊桥放下，出寨巡逻，然后再龟缩到据点里。根据此情况，六八六团决定在敌人巡逻完进寨时，跟在敌人巡逻兵身后悄悄快速进寨。三营十连善于晚上作战，被称为"夜老虎"，是此战的主攻连。当敌巡逻兵返回据点刚踏上吊桥时，三营十连之二排在前，一排、三排在后猛冲上去。结果被寨中敌人发觉，敌随即拉起吊桥，关闭寨门。十连的突击排被敌切断，至此战斗打响。被卡在寨内的尖刀班在敌寨门洞里同敌人进行了激烈战斗，最后只剩五六个人。偷袭计划没有成功，但十连伤亡并不大。

战斗打响后，进入后樊坝的部队随即发起攻击，经一阵猛烈的手榴弹攻势，敌还未还击，就全部被歼。于是攻打后樊坝的部队迅速投入围剿前樊坝之敌的战斗。23时，一营突击队在炮火掩护下用炸药将南寨墙炸开一道缺口，突入寨内，但因敌炮楼侧射火力过猛，冲击一度受阻。此时架在黄河金堤上的迫击炮向敌火力点及敌团部猛烈轰击，终于打掉了敌寨墙西南角炮楼的侧射点，部队乘势勇猛攻击，终于突破了敌前沿阵地，并向纵深发展。从西面进攻的部队，在突入寨内部队的配合和炮火掩护下，架梯登上敌西寨墙，首先登上西寨墙的是三营夜老虎十连。随即西寨墙上的机枪、步枪、手榴弹同时向敌阵地发起猛烈的攻击，寨内的部队也勇猛穿插，分割包围敌军。至次日拂晓，前樊坝之敌全部被歼，整个战斗历时8个多小时。

驻守团柳树的敌军看到固若金汤的团部驻地前樊坝都被攻破，觉得大势已去，只好缴械投降。至此，樊坝战斗胜利结束。

此战共歼伪军570余人，其中毙伤伪军200余人，俘伪团长刘玉胜以下官兵300余人；缴获小炮1门，机枪13挺，步枪400余支；解救被掳去的妇女30余人，村干部20余人，并重创从县城增援的日军，而我军伤亡不过十五六人。

战后，六八六团坚决执行了八路军优待俘虏的政策，特别是对伪团长刘玉胜晓以民族大义后，给其配备了武器、警卫和马匹，然后释放。刘玉胜对八路军的宽大政策万分感激，后来带回来300多人参加了八路军。当时郓城一带传唱着这样的民间小调：

正月里来正月正，一一五师到山东；
罗荣桓陈光领兵马，杨勇将军是先行。
二月里来杏花红，奔袭樊坝是杨勇；
活捉伪军五百七，义释团长刘玉胜。

八路军中的日本兵

"中国共产党领导的军队对待战俘的政策，从来不是权宜之计，而是贯彻于战争的始终，无论是在红军时期还是抗日战争的八路军、新四军时期，战俘无论是敌对的中国人还是入侵的日本人。"陕西省社科院助理研究员韩伟说，"要知道，国际社会直到 1949 年才有修订成文的《关于战俘待遇之日内瓦公约》，而在 20 年之前毛泽东给红军颁布的《三大纪律八项注意》中就有一条专门优待俘虏的军队纪律。我们延安时期，中共虽未明确宣布遵循《日内瓦公约》，但以日本工农学校为代表的一系列战俘政策，将战俘视作阶级兄弟，不打骂、不侮辱，尊重人格，生活优待，实质上是对《日内瓦公约》的具体实践，在有的方面甚至有过之而无不及，体现了国际人道主义的精神。"

八路军是咱中国老百姓的子弟兵，但八路军中还有一支特殊的"日本兵"，他们来自延安的一所学校。这所学校学制从半年到三年不等，没有固定的毕业时间，开学典礼定在 5 月 15 日。它与一般学校的最大的不同，在于学员全是日军俘虏。

在成为"鬼子兵"前，他们曾经是日本的工人、农民、商人，受日本军国主义和武士道精神荼毒后，背井离乡，奔赴中国战场，充当日本法西斯战争的"炮灰"而不自觉。在与八路军、新四军的作战中，他们为中国军队所俘虏。

他们原以为，就像长官说的那样，自己会被"八路"残酷虐杀，却意外地迎来了涅槃新生——日本工农学校给予战俘生活上的优待、政治上的民主，并扭转了他们的思想。"鬼子兵"逐渐蜕变成"八路军中的日本部队"。

于是，他们不仅积极地到前线喊话、向自己的同胞宣传反战思想，而且到红色革命根据地创立反战组织，与我军协同抵御日本法西斯主义的侵略，甚至重伤不下火线，壮烈牺牲。他们用实际行动，践行着毛泽东同志赋予的重托——"中国人民与日本人民是一致的，只有一个敌人，就是日本帝国主义"。

"连一辆汽车、火车都没有，是多么落后啊！……只用下等武器作战的八路军，能够战胜日军吗？和吃鸟食（小米、玉米、豆子等）的八路军，能够一块生活吗……每天我们只是觉得过着暗淡的生活，没有一线光明。做了俘虏，是多么可悲啊！再没有脸见故乡的父母兄弟了，我们是如何不幸啊！"

1941 年 3 月 15 日，日本战俘大山光美在延安写下《我们十四个日本人怎样到延安来的》，讲述他与梅田、重田、大森、山中等如何从"百团大战"战场来到延安的曲折经过。该文刊发在《解放日报》1942 年 4 月 6 日第二版上。

大山光美在文中写道："在移动中，对于八路军，最初也有这样的心情：'我们是俘虏啊！不管说什么甜言蜜语，都是胡说！反正我们是懦弱者，随你们摆布还不成吗？'……至于队长对我们则非常关心，凡我们的要求，不管怎样总满口应承。对于生活改善方面，也尽了最大的努力。当到了某一部队时，八路军即向我们道着'辛苦了！'并且替我们腾让房屋，以实际行动和事实来迎接我们，优待我们，教育我们。对于这，就是再糊涂的人也要感激涕零的，绝不愿再做坏事情了。"

"不要落后于前面的部队啊！全体都极度紧张起来，以急行军的速度，凶猛而匆忙地快步前进！视力只能看 3 米多……9 时前，来到了铁路线的最近处，等着 8 时 50 分的火车通过……万一日军知道了，不出来袭击吗？"大山光美在文中记录自己跟随八路军第三次试图穿越同蒲铁路共赴延安的情景，"正在通过一个桥梁，那桥梁离日军的警备队只有一里多，若被发现，一定会被袭击的……然而，回头一想，日军就是发觉了，对于这样大的部队，也说不定连声都不敢作呢。现在我们是逐渐地远离那危险的区域。"

大山光美的转变，从根本上说，源于八路军优待俘虏的政策。《党风与廉政》杂志主编刘风梅在延安革命纪念馆工作期间，曾研究过日本工农学校。她说，红军初创时，颁布的《三大纪律八项注意》里面就提出了自己的俘虏政策。1931 年前后，俘虏政策已形成多项内容，包括：不杀不辱，不搜腰包，医治伤病员，生活上优待；愿留者，分配适当工作；愿去者，经宣传教育后，发给路费释放之；等等。

据陕西省社会科学院研究员李忠全介绍，全面抗战爆发后，1937 年 10 月 25 日，八路军总指挥朱德、副总指挥彭德怀签发《关于对日军俘虏政策的命令》：1. 对于被我俘虏之日军，不许杀掉，并须优待之。2. 对于自动过来者，务须确保其生命之安全。3. 在火线上负伤者，应依阶级友爱医治之。4. 愿归故乡者，应给路费。

伴随着被俘的日本兵越来越多，俘虏政策也由优待释放转向教育感化。1940 年 6 月，党中央发出指示："凡俘虏愿意回去者，即给以鼓动招待，令其回队处，应注意选择少数进步分子，给以较长期的训练。"

实际上，留下的日本战俘受日本军国主义思想影响严重，很难在短期内改造他们。于是，由日本共产党领导人野坂参三（又名冈野进，中文名林哲）提议，中共中央、中央军委在 1940 年 10 月决定，由八路军总政治部在延安建立一所以日军战俘为主体的特殊学校，即延安"日本工农学校"，任务是改造日本战俘，协助八路军对日本军队进行政治宣传。

学员多是被八路军、新四军在战场上俘虏的日军士兵和下级军官，也有少数是受政治攻势和俘虏政策影响而投诚过来的日军士兵。之所以命名为"日本工农学校"，与当时的学员职业有关，他们参战前主要是工农劳苦大众。从文化程度上看，以小学、高小为主，也有少数大专毕业或肄业者。据 1944 年 6 月 19 日《新华日报》记载：日本工农学校的学生 53.8% 为工人、16.9% 为店员、13.8% 为农民、12.3% 为职员、3% 为商人；文化程度：小学占 12.4%，高小占 66.1%，中学占 15.4%，专门学校占 4.6%，还有大学肄学占 1.5%。

1941 年 5 月 15 日，日本工农学校在延安文化沟八路军大礼堂举行开学典礼。在开学典礼上，毛泽东亲笔题词祝贺："中国人民与日本人民是一致的，只有一个敌人，就是日本帝国主义。"该校的校训为"和平、正义、友爱、勤劳、实践"。

不过，这些战俘一开始怀着盲目的敌对情绪，甚至以暴力方式伤害救助人员。平型关战役中，有个日本兵受了重伤，八路军战士替其包扎，却被他咬掉了耳朵。有个日本俘虏在医生替他换药时，趁医生不备，竟用小刀将医生杀害。问他为什么这样做？他说："你们野蛮，你们医好我以后，还要割我的头，让我不能再转世，为什么不枪毙我？"

"有的日本兵颐指气使，很是嚣张，还给八路军写条子道：'命令，皇军要吃鸡子，着即送鸡子两只。此令。'以示轻蔑。"刘风梅颇为愤慨地说。

1940 年 11 月 3 日，是日本纪念天皇诞辰的日子，6 名日本学员偷偷爬上延安的山顶，面对东方，高呼"天皇陛下万岁"。他们将学校的教育看成是"赤化"他们，"利用"他们来反对日本。因此，他们对学习始终心怀戒备。一到上课时间，就寻找各种借口逃避现实，或者装疯卖傻，或者捣乱破坏，或者绝食抗议。

即便如此，八路军仍积极帮助这些战俘，消除他们的敌对情绪。

刘凤梅介绍，在精神上，我方尊重日军战俘的人格和信仰。不设高墙卫哨，不使用体罚、打骂等强制和压服的方法管理学员，而是用赤诚的阶级友谊，以民主的说服教育的方式，来帮助他们清除法西斯思想的毒素，逐渐将其民族自尊心引向正确的方向。

尤为突出的是，在生活上，日本战俘在学校享受到同美军观察组（即"迪克西"使团）等外国友人同级的优待。例如，第一个月份发放津贴费5元，配备被毡、鞋袜、手巾、肥皂、牙刷、衣裤等物品。每隔4个月，还补充一次鞋袜、牙刷、手巾、肥皂等。

当时，八路军月津贴分为5等，即士兵1.5元、排级干部2元、连级干部3元、营团级干部4元、师级以上干部均为5元。日本工农学校的学员，全部按连级供给每月3元的津贴。伙食上，除按一般的统筹统支规定外，还特供每人每月猪肉大秤1斤、面10斤，如遇年节或日本重要节日，发给一定的会餐费。从1944年12月11日到20日的食谱看，日本工农学校的主食是白面馒头，副食：上午一菜一汤、下午两菜一汤，且餐餐有肉。这在当时，大大超出了八路军一般战士的生活水准。

李忠全补充道，除了生活上的优待，还有政治上的优待。1941年11月，陕甘宁边区举行第二届参议会议员选举，要求从日本工农学校、敌军工作干部学校、鲁迅艺术文学院、抗日军政大学等四校中选取一人为边区参议会议员。结果，鲁迅艺术文学院的周杨当选，日本工农学校的候选人森健名列第二。作为特例，森健被吸收为边区参议员。同时，日本工农学校学员中的小路静男也当选为延安市参议会议员。

"学校当时有自己的图书馆，藏书约 250 本，并定期出版刊物。在冈野进的办公室，还能读到 2 个月内的日本新闻。"李忠全介绍说，学员白天上课，晚上组织讨论。讨论大体分为星期一讨论会、各组讨论会和读书会 3 种，尤以星期一讨论会规模最大，讨论的问题也较为广泛，包括日本军队的内幕、八路军和日军的比较、日本法西斯给人民带来些什么等。同时，学校还组织各种纪念会、报告会和讲演会，辅助教学。如"五一"劳动节纪念会、纪念日本革命先烈的"三一五"惨案报告会、"苏联情形"报告会等。

通过学习，学员们的思想实现了蜕变。他们在日本士兵大会、反战大会《致八路军、新四军全体指战员书》中写道：我们中间的极大多数，是曾经在战场上，将枪口瞄准过你们的日本士兵。然而，当我们变成八路军俘虏的时候，你们不但没有侮辱我们，没有杀害我们，不仅没有把我们当作敌人，而且还给我们充分的自由、平等、安全和优厚的物质待遇。八路军把我们当作朋友、兄弟和同志加以看待，并使我们从蒙昧中得到真正的觉醒，使我们不得不表示衷心的感谢。

"我们以前已经知道了日军的非正义和八路军的正义，就迫切地感觉到：无论如何也要打倒我们劳动大众所不能容忍的敌人——日本法西斯军阀，于是便参加了日人反战团体觉醒联盟。而来延以后，又加入了反战同盟。"大山光美在《我们十四个日本人怎样到延安来的》文末写道。

1941 年 10 月，在东方民族大会上，包括大山光美在内的 35 名日本人，宣誓正式参加八路军。

跟大山光美一样，很多学员陆续或组织或参加各种反战团体，如在华日人共产主义者同盟（1942 年 6 月 25 日成立）、日人解放联盟延安支部（1944 年 2 月 22 日成立）等。刘风梅透露，她的忘年交——小林清，原是侵华日军士兵，被八路军俘虏，思想转变后成为在华日人反战同盟胶东支部负责人。"抗战胜利以后，他还坚持留在中国，娶了一名中国太太，成了名副其实的'中国通'，后来在天津市政协从事统战工作。"

小林清的儿子小林阳吉在接受中央电视台采访时说，父亲认为自己"生是日本人，死为中国魂"。他说："父亲是唯一留在中国的反战同盟老战士，娶了一个中国妻子，父亲在中国生活了50多年，爱上了中国。他自己也说过，他爱日本，因为那是他的祖国，有亲人和许多值得怀念的人。但是他更爱中国，因为中国有他的许多老战友，还有和他一起共患难、共同生活的中国人民。"

1944年6月，日本工农学校还为中外记者西北参观团举办了展览会，利用大量照片、漫画和模型等，揭露日本帝国主义腐败的本质及日益深化的阶级矛盾。

为加强反战宣传，学员们在校学习期间，就积极帮助八路军编写标语、传单等，仅1943年一年，学校设计印制了32种传单、14种宣传册。当年，仅"觉醒联盟"就散发传单103万份。

"他们的传单内容大多是：'不许打耳光，兵士不是牛马！''请保重贵体，快乐的故乡在等待你！''迎接白木匣，妈妈泪如麻！'"刘风梅举例说，曲阳日军两个班看了"反战同盟"的传单后，纷纷要求回国，敌军军官竟难以制止。

不战而屈人之兵，主要是因为学员们熟悉日军内部情况，熟知日军士兵的思想、风俗和习惯，与日军士兵没有或较少有敌对情绪，可以抓住日军中的主要矛盾和士兵最迫切的需求，并可利用日军中的旧有关系，所以，他们的宣传针对性更强。每逢年节或日本樱花会之际，学员们大量散发日本风味的贺卡和装有生活用品的慰问袋，甚至有日军士兵悄悄写信给学员，索要慰问袋。

刘风梅介绍说，在八路军中的日本人，1940年投诚者占7%；1942

年达 18%；1943 年达 48%。在整个抗战期间，日军投诚者达 746 人，被俘者 6213 人，其中许多人被"潜移默化"为反法西斯主义的战士。

毕业后，学员们奔赴前线协同八路军解除敌伪武装，进行通信、喊话等抗日工作，有的直接奔赴火线。1942 年 11 月，"觉醒联盟"太行支部大西对原部队山西省路安县老顶山分遣队中的老乡喊话时，发生双方流泪交谈的情景。"解放联盟"太行支部的砂利男、佳野尺七两位战士，于 1945 年 5 月底配合八路军攻势，同赴襄垣白晋线上，对河口敌碉堡喊话。砂利男脚部中弹，血流如注，仍坚持不下火线，最后，两人都英勇牺牲。"反战同盟"冀鲁豫支部与清丰县日军一个大队经常通信、宣传俘虏政策后，大队的日本兵与八路军交战时，都大胆抛去武器，逃到八路军中来。

1945 年 8 月 30 日，日本工农学校与日本人民解放联盟华北协议会、日本人民解放联盟延安支部、日本共产主义者同盟总部、日本共产主义者同盟延安支部等 5 个单位，在延安王家坪八路军军委总部大礼堂，举行了出发纪念大会，离开延安，奔赴前线协同八路军解除敌伪武装，后返回日本。

团结一切力量

中国共产党领导的八路军、新四军、华南人民抗日游击队和东北抗日联军在战场上严格遵守《三大纪律八项注意》，团结一切可以团结的力量，汇成全民族抗战的洪流。

正是有了《三大纪律八项注意》，我们的八路军、新四军和抗战根据地的人民群众建立了深厚的感情，保证了抗战的后方工作。

金银花心里想，大宝我的郎。替人家做长工，一辈子受苦呀。倒不如去当抗日军，年轻力壮有前程。好铁要打钉，好男要当兵，吃菜要吃白菜心，当兵要当新四军，官兵平等多爱民。

这首著名的抗战歌曲《金银花》当年在战区广为传唱，也唱出了百姓的心声。

吴春云老人是新四军的支前民工，在那段可歌可泣的岁月里，还是少年的他多少次用心爱的骡子为新四军送去炮弹和粮食，直到苏浙军区于 1945 年 10 月完成历史使命，北渡长江。

　　1943年年底，为拯救苏浙皖沦陷区人民、打击日寇，新四军第十六旅王必成旅长率部从苏南追敌南下，来到长兴，旅部进驻槐坎乡。一年时间内，这支部队同日伪进行了135次战斗，毙伤日伪军2458人，俘虏2616人，攻克日伪军据点80处（不含地方武装战绩）。1945年1月，新四军一师师长粟裕率领一师主力抵达槐坎乡与第十六旅胜利会师，之后奉中央军委电令成立苏浙军区。"新四军来了，帮老百姓收麦子、打扫房间，偶尔借宿在村民家就睡门板，第二天再把门板装上去，还把村中所有水缸都装满水。"老人缓缓地讲述着。

　　在新四军没来之前，村民生活在水深火热之中。日本军队投下的炮弹，让隔壁的阴家兵村变成了火海，大火整整烧了3天3夜；鬼子到村庄烧杀抢掠，无恶不作。

　　说起新四军的纪律，新四军早有规定，部队开拔前，一定要把借来的稻草捆好送还老百姓，帮助他们把水缸里的水挑满，屋内、屋外

解放军战士帮助群众收割麦子

打扫得干干净净。如果把老百姓的东西弄坏了，必须进行赔偿。此外，副班长还有一个任务，每次开拔前，都要认真检查全班遵守群众纪律的情况，到集合地点后向指导员汇报。新四军生活再苦，也不能拿群众一针一线。那时候，老百姓看到服务团吃饭没菜，就送来一碟豆饼酱，大家推却不过，就付了钱才肯吃。

有的时候，部队一晚上就要转移两三个地方，进村宿营时不忍心打扰百姓休息，宁可在露天荒野任风吹雨打，也不进村不进屋。部队每到一个地方，都帮助老百姓种庄稼、收庄稼，打扫院子，忙个不停。借了东西，走时要还，损坏要赔偿，对老百姓秋毫无犯。由于百姓对新四军十分信任，各家有什么难事、有什么矛盾也都找部队当裁判。

新四军军纪严明，亲民爱民，人民群众看在眼里，记在心里，从心底里接受了新四军。有了群众的支持，新四军如鱼得水，开展敌后斗争、创建抗日根据地就有了坚实的基础。新四军在敌后驱日寇，剿盗匪，社会秩序也日趋安定，人民群众更是将新四军视为自己的子弟兵。苏北在历史上是有名的土匪出没地，新四军到苏北后，于1941年上半年开始，抽调主力及地方部队，大力清剿镇压土匪顽劣，迅速将横行苏北地区的土匪予以剿灭，使该地千百年相沿的匪患得以完全平息，人民得以安生。

据吴春云回忆，新四军白天一般不进村里，晚上才来村里住，但他们有"四不走"：地不扫干净不走，水缸不挑满不走，门板不上好不走，借老乡东西不还清不走。新四军的高级将领就穿着普通的衣服，待人和蔼可亲。

1944年3月29日，著名的四十八团"老虎团"与日本侵略军南浦旅团小林中队和伪军1个大队进行了激战，并缴获重型武器日式九二步兵炮。老人和其他支前民工用骡子把大炮驮了回来。当天，新四军在大操场上对大炮进行了演练，战士和村民把操场围得里三层外三层，高兴得合不拢嘴。据说，这门大炮后来在抗日战争中屡建奇功，现今陈列在北京军事博物馆。

就在槐坎乡台基村的一个农村院落里，八十多岁的汪贻明老人是槐坎乡唯一健在的新四军老战士。汪贻明的许多家人都死在鬼子的手下，三叔进城后不久就被日军杀害。他去找寻三叔的尸首，结果亲眼见到了年轻妇女被日军强暴的惨状。后来汪贻明参加了新四军的地下党组织，1944年他担任民兵队队长，参与了送情报、抬担架、埋地雷等工作。

那时候的战士们很苦，粮食经常供应不足，一天只能吃两顿，早上9点吃一顿，下午4点一顿，饿着肚子照样打胜仗。1944年11月29日牛头山青岘岭一役，战斗打了3天3夜，城乡几千名百姓给前线的战士送去了米饭和番薯，可到了山上米饭全冻成冰块了，怎么吃啊？最终战斗还是取得了胜利，敌军伤亡惨重，而我军准备的80副担架，最终才用了10副。还有长兴战役，民兵在梅山地区事先埋下了许多地雷，将敌人的攻击目标引到了西门。之后新四军主力部队从北门乘虚而入，打得日本鬼子溃不成军。

军爱民势必换来民拥军。当年长兴青年参军拥党蔚然成风，新四军奉命北撤时，1600多名长兴籍的战士也随部队一起北撤。而像吴春云老人这样帮助新四军的长兴当地民众更是多得数不胜数，他们有的拿出自己的房子给新四军当指挥部，有的帮助新四军缝补衣物，有的则跟吴春云一起帮助新四军运送物资。军民团结如一家，且看天下谁能敌？受到人民拥戴的军队也最终所向披靡，战胜了敌人。

新四军每天都是日落宿营，拂晓起床，早饭后，天刚亮就开拔上路。沿途公路两侧，不时看到用红、黄、绿纸写的标语及横幅，上面写着

训练中的新四军教导队

"打到关外去""向东北挺进""将革命进行到底"和"解放全中国"等振奋人心的战斗口号。新四军沿途受到老百姓的夹道欢迎。群众自发为部队设茶水站，提供运送物资、伤员的骡马及人力车辆。部队以四路纵队或二路纵队队形前进，呈现出浩浩荡荡、大军压境、无坚不摧、战无不胜的气势。

1940年5月，新四军豫鄂挺进纵队进驻姚家山后，修了大礼堂，设立了印刷厂、医院、枪械所、被服厂、卷烟厂、榨油厂等。新四军驻村时，和村民几乎是一样的，一起吃饭、一起干活，分不出谁是军谁是民。李先念在村里时经常带头参加修塘、筑堰、耕地等劳动。在大生产运动中，李先念带着两位警卫员上山开垦荒地，挥汗如雨，还种上了庄稼和蔬菜。第二年李先念率部返回姚家山时，又帮助乡亲抢收、抢割、抢种。新四军跟村民就是一家人。那时候，新四军战士常说的一句话是"青枝绿叶为房，石头土地是床"，迫于当时条件，有些战士露天睡在山里。对缺衣少食的贫苦农民，战士们经常捐送衣服、粮食，请村民到部队食堂一起吃饭，村民生病了也可到部队卫生所免费治疗。打了胜仗，部队缴获了战利品，也不忘分给村民。

"1937年八路军挺进太行山创建革命根据地时仅有9000余人，1947年离开太行山时已壮大到37万多人。当时，一批批热血青年冒着生命危险，穿越日伪军的封锁线，到太行山参加八路军。"老八路段水旺说，"这里面除了大家的爱国热情外，靠的是八路军的纪律，靠的是八路军的官兵平等，靠的是为人民打天下、让人民当家做主的理想。"

2017年8月份，我在山西武乡县丰州镇朱家凹村见到91岁的段水旺。1942年初春，年仅16岁的他参加八路军，被分在一二九师。段老回忆起当时的苦日子，一度哽咽："大部分时间吃的是小米粥，有时候几天都吃不上。"提到部队番号和当时的部队领导人时，老人的记忆异常清晰："我们当时的领导人是刘伯承和邓小平，团长邓子恢，参谋陈志华。"段水旺说，当时他们的连长是四川人，主要的战斗范围是东到河北沙河，北到山西大同，西到山西临汾这一带，主要是游击战。1944年在河北前线作战时，不幸左大臂中弹、肱骨骨折，即使这样，他仍奋力作战，经治疗，于1946年退伍后回乡务农。

在段水旺参军之前，其兄已经加入了八路军，这在当时是一件极为光荣的事情。但很快，作为八路家属的段家，就受到了日本鬼子的追杀。70多年后，说起这段经历，段水旺老人的眼眶明显湿润起来，声音有些颤抖。

"我7岁的时候，父亲就饿死了。母亲带着我们兄弟3个和1个妹妹艰难地生活。大哥参加八路军后，日本人来到我们村子，要杀八路军家属，母亲又带着我和二哥、妹妹一起跑到和顺县的舅舅家逃难。"段水旺说，当时，家里没有任何收入来源，一家4口实在无法生活下去，母亲便将妹妹以3元钱的价格卖给别人家做童养媳，2个月后妹妹在那户人家饿死了。

得知妹妹饿死的消息，段水旺坚定地认为，如果不是日本鬼子要追杀他们全家，尽管困难，但妹妹绝对不会被贱卖以至于被饿死。在母亲和二哥的支持下，逃到和顺不久的段水旺就来到了八路军驻该县的办事处，要求参军。

他说，八路军刚到太行山时，老百姓并不了解他们，看他们衣着破烂，武器装备落后，感觉根本打不了日本鬼子。后来接触多了，发现共产党领导的八路军从不拿老百姓的东西，还帮助老百姓耕地、打扫卫生、盖房子，老百姓家里的农活，八路军从军官到士兵，都帮着干。

当时，太行山区发生特大旱灾，八路军从总司令到普通战士，每人每天的口粮是4两黑豆。后来连黑豆也没有了，包括副总司令彭德怀在内，大家都挖野菜、吃树叶。八路军总司令部下令，村庄10里之内的野菜，八路军不能挖，要留给老百姓。榆树上长出的榆钱也留给老百姓，战士们只能吃榆树叶子、榆树皮。

同样90多岁的老八路李德欣接受采访时说，八路军的干部冲锋在前，享受在后，带头遵守《三大纪律八项注意》。刚到太行山时，部队缺衣少吃，领导干部反复对战士讲，八路军是老百姓的军队，是为老百姓打天下、为老百姓服务的，绝不能拿群众的一针一线。对于犯错误的，从干部到士兵，小错误批评教育，大错误该关禁闭的关禁闭，该开除的开除，一律按照军法处置，从没有例外。

段水旺告诉我，时间一长，当地老百姓认可了八路军，纷纷腾出房子给八路军住，帮八路军缝衣织袜，还帮部队打探鬼子的消息，给八路军带路。八路军离开村子时，村子里的人边送边哭，不舍得八路军走。

两位老人都表示，从红军时期一直到解放战争，《三大纪律八项注意》始终如一地贯彻了下来。在新时期，《三大纪律八项注意》必须长期坚持下去。

临时 "母亲"

开国大将罗瑞卿的长女罗峪田在《我的太行山妈妈》里这样写道："妈妈来接我，我硬是抓住奶娘不肯松手。是她用奶水把我喂养，用体温把我暖和过来。她是我的太行山妈妈呀！"太行山奶妈不仅给了罗峪田奶水和体温，还给她起了名字，这个名字罗家再也没有更换过，这是对太行山妈妈的最好纪念！

抗战时期，在日军的一次次"扫荡"中，许多八路军官兵牺牲，无辜百姓死于非命，更有不少八路军将士的孩子在日军"扫荡"中夭折。为了避免不必要的牺牲，刘伯承师长命令：部队和机关怀孕的女同志，一律"坚壁"到老百姓家里！于是，八路军纷纷把孩子寄养在老百姓家里，不少生了小孩的女八路也穿起老百姓的衣服，脸上抹点灰，装作老百姓，住在百姓家中。有不少八路军官兵就是在太行山上结婚的。

罗瑞卿和郝治平是在左权县桐峪村结婚的，还有钱信忠在隘口村结婚。太行山成了他们新婚的见证，他们也成了太行山的儿女。他们同当地百姓成了一家人，融为一体。

1940 年，八路军野战部队政治部主任罗瑞卿和担任政治部四连指导员的妻子郝治平，跟随朱总司令进军太行山，开展抗日斗争。1942年1月，抗战进入了最严酷的阶段。罗瑞卿的女儿也出生在离麻田仅有10公里的桐峪镇。孩子出生不到半个月，日寇便开始"二月扫荡"，孩子跟着父母受尽了颠簸惊吓之苦。部队转移到麻田后，严酷的战争环境又不允许他们将孩子带在身边，他们只好决定将女儿送给太行山的老乡抚养。在总部所在地麻田，一个叫王巧鱼的产妇刚生下的孩子夭折了，她从郝治平怀中接过孩子，含着眼泪给尚未起名的孩子起名为峪田，对恋恋不舍的峪田妈妈说："放心吧，有我们在，孩子就在！"

5月下旬，日寇实施"铁壁合围"战术，合击麻田八路军总部和一二九师师部。巧鱼在夜晚抱着峪田躲进大山。山陡路险，巧鱼就用牙咬着包峪田的包布，手脚并用地从麻田的西山寨楼根往上爬。她的一双小脚在黑暗中踩空，翻了两个跟头，幸好被一丛荆棘绊住，峪田一直被紧紧地抱在怀里，而她却摔得遍体鳞伤。巧鱼滑下坡的响动和孩子的哭声惊动了搜山的日本鬼子，她被打得死去活来，但始终护着孩子，嘴里喊着："不要吓着我娃！"巧鱼颠沛流离，生活极度困难，乳汁不够吃时，就磨些柿子粉调成糊来喂孩子。就这样看护着小峪田度过了抗战最艰苦的3个春秋。

随着总部的转移，罗瑞卿夫妇也要离开麻田了。他们去接峪田，孩子硬是抓住奶娘不肯松手。

直到1954年，罗瑞卿夫妇从一位老红军口中得知了巧鱼的下落，便嘱托峪田给奶娘写一封长信，并恳求奶娘进京看看她的女儿峪田。巧鱼进了北京城，到了罗瑞卿将军的家。梳着长辫子、身着白底黑花布料衣服、仍然保持着太行乡土味的峪田，扑到奶娘怀里噙着眼泪说："这就是我的太行山妈妈呀！"

战争环境下，像罗瑞卿这样的八路军领导干部把自己的亲生骨肉托付给太行山妈妈代为抚养的事例有很多很多。当接过一个个八路军嗷嗷待哺的后代，这些太行山妈妈的生命里就有了一种神圣的责任，她们把八路军孩子的命看得比自己的命不知贵重多少倍！为了保护八路军的孩子，有的奶娘献出了自己亲生孩子的小生命，甚至自己的生命，这是怎样的一种军民鱼水深情和重大的托付啊！

由于根据地老百姓对八路军的后代像对待自己亲生孩子一样照顾、保护，这些八路军的后代才有今天。这就是军民鱼水情，这就是我们战胜日本侵略者的根基。当时，老百姓生活都很苦，粮食极度缺乏，靠采树叶煮汤喝，在玉米面里加上观音土，有时只吃观音土做的饼子，饼吃起来非常碜牙，吃了就闹肚子。可他们却养活了这些八路军的孩子。在极度艰苦的环境里冒着杀头之险，豁出身家性命为八路军喂养孩子，太行山的奶娘们付出的，不仅仅是乳汁，是血，是汗，是泪，更是生命！

宋任穷的长子宋克荒在河南清丰也有一个临时"母亲"。

沿着先辈们走过的足迹，我赶往河南。列车窗外的风景以每小时将近 300 公里的速度飞速倒退，湖南到河南，两千里的路程，太平盛世的今天可以朝发夕至。

在现代人眼里稀松平常的两千里，当年的先辈们，只能用双脚去丈量。

清丰县史志办业务指导科副科长常青带我来到单拐革命旧址，这是一座典型的北方建筑的小四合院，位于河南清丰县双庙乡单拐村。常科长介绍说：旧址包括中共中央平原分局革命旧址、中共中央北方局革命旧址、兵工厂旧址、冀鲁豫军区纪念馆等。2015 年 8 月 24 日，为纪念中国人民抗日战争暨世界反法西斯战争胜利 70 周年，经党中央、国务院批准，国务院发出通知，公布第二批 100 处国家级抗战纪念设施、遗址名录。清丰县双庙乡单拐村的"冀鲁豫边区革命根据地旧址纪念馆"入选第二批 100 处国家级抗战纪念设施、遗址名录，是河南省唯一一处。

在单拐革命旧址，我还看到这里被列入"全国红色旅游经典景区名录"的指示牌。旁边黑色大理石上镌刻着一行行文字，清晰地记载着那段烽火硝烟的历史：1943 年 11 月，为了加强冀鲁豫与冀南两区的统一领导，中共中央决定成立冀鲁豫分局，领导冀南、冀鲁豫两个区党委。1944 年 5 月 11 日，冀鲁豫和冀南两区合并，两个区党委机关撤销，各地委直接由分局领导。合并后的冀鲁豫军区，宋任穷任司令员，黄敬兼政治委员，王宏坤、杨勇任副司令员，苏振华任副政治委员，曹里怀任参谋长，朱光任政治部主任。下辖 11 个军分区和水东独立团。

单拐村位于清丰县城东南 30 余里的潴龙河东侧，不靠公路，比较偏僻隐蔽。在抗战时期这里只有村民 400 余人，是个小村。虽然村子小、人口少，但有一个重要的因素是这里的群众基础好，加上当地民风淳朴，好房子也比较多。单拐村及其周边一带是冀鲁豫边区建党较早的地区之一，抗日战争爆发后，这里又是地方党组织发动抗日救亡运动

八路军政工人员在群众大会上讲话

和开展游击战争的中心。1939 年，清丰县老一辈革命家、教育家晁哲甫和高镇五曾在此举办文化教育工作团训练班，培养了一批抗日骨干。1940 年初，在讨逆战争中，这里曾是卫东战役的主战场，单拐村民曾冒着生命危险掩护了 72 名八路军伤员，把他们当作自己的亲人对待，无一人出现意外，还曾因此获得八路军总部的嘉奖。同年 4 月中共冀鲁豫区委会在清丰县王什村成立。不久，从湘南起义中成长起来的将领黄克诚率太南地区组成的八路军第二纵队和三四四旅、独立游击支队及华北抗日民军第一旅到达冀鲁豫地区，与冀鲁豫支队整编，仍称第二纵队。同时，经北方局批准，黄克诚在单拐村附近的双庙集主持成立了冀鲁豫边区军政委员会，并召开了会议，研究了区党委建立后的大政方针，确定了冀鲁豫区 4 个地委和军分区的领导班子。单拐村及其周边一带良好的群众基础、政治局面为冀鲁豫分局和军区司令部以后迁驻该村创造了条件。

常科长说，另外，单拐村有一位开明士绅叫陈笃之，早年在外经商，曾任国民政府参议员，花甲之年衣锦还乡，家有良田 70 余亩，生活殷实，乐善好施，待人宽厚，深受乡邻敬仰。抗战初期曾与当地一位进步人士晁哲甫共同发起成立清丰县抗日自治委员会，被推举为会长，又组建了清丰县民众联合抗日自卫团，为稳定清丰局势起了重要作用。陈笃之的儿子陈平、女儿陈友菊都是于 1938 年入党的中共党员。陈平曾任六塔区抗日救国会主任，入党后任六塔区委宣传委员。1938 年 9 月调直南特委，当时正担任冀鲁豫区党委宣传部教育科长，1939 年任中共长垣工委书记。陈友菊曾担任冀鲁豫抗日救国总会的妇女部长。因此，他们一家是可以信赖的抗日的革命家庭。单拐村的有关情况就是陈平向区党委和军区领导提供，经研究并派人考察后敲定的。分局和军区机关进驻单拐村时，陈笃之先生积极动员本族群众为部队腾房、筹款、捐粮，之后，在全区大生产运动中，又将自己的酿酒作坊和祠堂无偿捐献给军区。由此可见，单拐村成为"中原红都"是天时、地利、人和三者俱备，是历史的选择，绝非偶然。

走进清丰县冀鲁豫抗日纪念馆，也能看到单拐村开明士绅陈笃之的介绍。要知道，那时农村一个左右不待见的"大地主"，能成为乡邻敬仰的族长，振臂一呼天下应，背后该有多少忍辱负重的故事。正是陈家的慷慨解囊，根据地才"花"落单拐。

如今，陈家祠堂作为冀鲁豫军区第一兵工厂的旧址供人瞻仰：迎面，四个形象逼真的八路军"蜡人"，目光炯炯，精神焕发；正殿，是机器房，土法上马，原汁原味；西厢，两个打铁的"师傅"，正一锤一扬，叮叮当当；东边，衣帽整齐的两位没有"闲"着，或卡尺测量，或左右开弓。我身临其境，浮想联翩，正是这不起眼的手工作坊，制造出中国军工史上第一门大炮，又有多少个日本鬼子成为它口下的炮灰！

拳拳爱国心，凛凛抗日行。

这绝对是一个可以信赖的革命家族。有这样一个背景，这里的村民为革命大义凛然就不足为奇了。祠堂本是农村供奉先人和续写家谱的地方，采访中，"先妣张氏秀爱……"一行字，吸引了我的目光。

这又要说到一个在单拐家喻户晓、感人至深的故事。

"站住！你的，什么的干活？"小鬼子用枪顶住一个裹脚女人的襁褓。

"皇军看好了，这是厚戒子（尿布），小孩拉上了！"

孩子吓得嗷嗷大哭，女人却是镇定自若，顺势撩了一把污秽不堪的衣物。

"噗……臭，快走！快走！"日本兵捂起鼻子。

"好！好！"小脚女人躲过枪眼，神色慌张地跑出村口，原来被她抹上大便的尿布里面包着边区的一些票证和机密。

这是1943年10月的一幕。

边区的物资和机密得以安全转移，然而一个月后，惊吓过度的小孩却夭折了。

失去孩子的女人就是张秀爱，河南省清丰县单拐村人氏。1944 年 9 月，中共中央平原分局和冀鲁豫军区迁驻单拐后，她成了宋任穷司令员的房东。

其间，张秀爱用白面糊糊给宋夫人保胎，用柴鸡蛋喂养宋家长子。首长也把自家的炖菜和小米粥端给房东老小。军民关系，如鱼入水；锅碗瓢盆，演绎和谐。

今天，老人归西，遗闻轶事却传唱在单拐的寻常巷陌里。青瓦白墙，根正苗红；经典故事，历久弥新。

大部队选中单拐这个弹丸之地，是经过深思熟虑的。

"看，清丰县一脚跨三省，俺村是一眼望三县，不靠公路，不靠集市，不靠机关，典型的'三不管'，便于八路隐藏和战事防备。"站在常青科长旁边的单拐村老支书陈山虎说着，打开一张地图。

"这就来了？"我还是疑惑。

陈山虎摩挲着一本发黄缺页的村史，爱不释手，欲说还休："我们这儿建党可早。抗日战争爆发后，男女老少打'游击'，村民冒着生命危险掩护八路军伤员和部队物资。诺，张秀爱就是一个。这叫啥呀？对，天时不如地利，地利不如人和。"

张秀爱是单拐村第几代过门媳妇，她下嫁的陈家和陈笃之门庭出没出"五服"，已经不重要了。可以说，有多少陈笃之的爱国之举，就有多少张秀爱的舍生取义，也就有多少村民的摩拳擦掌。

"五服"，原指中国古代社会先辈逝去儿孙伺穿的五种丧服，后借指父系血脉衍生后代辈次的远近亲疏。"五服"就是"五代"。

当年，以宋任穷、杨勇为代表的冀鲁豫军区指战员来到单拐后，立即投入军事整训。官兵互教互学，苦练杀敌本领，民兵不误农时，战时储备能量。"首长帮老百姓割麦忙，老乡替警卫打水天不亮。"军爱民，可歌可泣；民拥军，可圈可点。

已是 1944 年深冬，豫北单拐，大雪封门，天寒地冻。

天刚蒙蒙亮，杨勇副司令员和村民陈合修正在院里扫雪。杨勇往下一瞅，见陈合修脚穿的方口布鞋，前面已露出趾头。

"杨司令，您歇会儿吧。"几个月的耳闻目染，陈合修变得有礼有节。

"合修，快穿上。"说话间，杨副司令员已拿着鞋来到他跟前。

陈合修接过皮包头、宽又松的棉鞋看了看。虽说是孤儿寡母，家贫如洗，但部队不拿群众一针一线的规矩，他是知道的。他不想反过来占首长的便宜。

"杨司令，心意我领了，这鞋不能要。您行军走路打鬼子离不开棉鞋，您多消灭几个敌人，我不穿棉鞋心里也暖和啊！"

犟不过陈合修，杨勇略施小计交给陈母："大娘，这棉鞋是八路军后勤部送给合修的，您一定得收下！"

"娘，这双鞋我不能穿，我要把它当成传家宝，世世代代传下去。"回到家的陈合修两手一摊。

好个"人穷志不短"的陈合修，他没有食言。中华人民共和国成立后，他把这双"新"鞋捐献给了文物部门。今天，后人睹物思情，怎能不心潮澎湃。

震撼过后，是灵魂的洗礼。

抗日战争和解放战争时期的中国，广袤的农村有界别森严的地主、富农、中农、下中农、贫农之分。20 世纪六七十年代出生的人时常回忆，放假了，老师说城里的孩子回到农村去，接受"贫下中农"再教育很有必要。那时候，"中农"似乎是个分水岭，在升学、参军、政审"出身成份"一栏填表时，谁家孩子如是"地主""富农"的后代，则被打入另册。

事实证明，这是我们思维的误区和中国革命走过的弯路。

回过头来，反观当时的红色小村——单拐。作为贫下中农的陈合修，是不折不扣的无产阶级；财大气粗的地主陈笃之，属百分之百的资产阶级。不同的是出身，相同的是爱国；不同的是财富，相同的是抗日。

为什么有这种局面和境界？

因为有单拐整风。

这正是中国共产党的高明所在。

"走，上夜校去！"冀鲁豫军区进驻前，中共平原分局党校已在太行山下的林县（今林州市）筹备成立，各地不同形式的培训班如雨后春笋。1945 年春，党校迁到边区中心单拐一带。

整风有什么作用？

近的看，使抗日高潮下涌进革命队伍的"小资"党员干部，脱离私有者的立场转入无产阶级；远的说，为抗日战争的最后胜利，奠定了坚实的思想基础和组织基础。

从这个意义出发，单拐就是冀鲁豫革命根据地的"小延安"。

你是一个摇篮，
多少人才在这里成长
为了明天
去采矿
去航天
去向全世界宣布新的发现
……

哼着这首儿歌，我又想起那个睿智大气的张秀爱老人。

1944 年 9 月—1946 年 4 月，宋任穷一家在单拐生活了 19 个月，随他来的有夫人钟月林，还有年幼的长子宋克荒。也巧，宋克荒和张秀爱的三儿子同岁，宋任穷夫妇忙于革命，张秀爱就当起了临时"母亲"和会说话的"摇篮"。宋克荒不愿意在家吃饭时，张秀爱就给他变着花样做，熬碗面糊糊，煮个柴鸡蛋。河南小麦筋道、养人，农家土鸡壮口、健体。张秀爱往往是一个鸡蛋掰两半，左喂一口宋家后代，右填一口自家儿女。

今天，我们再回望这温馨场面，简直就是一道风景。中国革命和建设的成功，能离开千千万万像张秀爱这样的"后方人"的心血和操守吗？离不开！村里小学生哼着一段没有谱子的歌谣："又战斗来又生产，单拐军民是模范，奶奶摇起纺花车，儿童放哨上前线。"正如后来小平同志评价的那样：冀鲁豫是个好战场，我军取得的胜利，有边区人民一份功劳……

"当然，我们家也吃过首长的小米和炖菜。"单拐村民陈希敏补充道。

一听就知道他的身份了。作为张秀爱最小的儿子，陈希敏姐弟一共9个，目前可以追忆先辈荣光的只剩下他了。

"村里不少人说，宋家孩子吃过老人的母乳，是真的吗？"我一探究竟。

"没有，没有，误传多了去了。俺娘给宋姨熬汤保胎是真的。"陈希敏有一说一。

2005年宋任穷去世后，宋陈两家还有书信往来，遇有珍贵资料，就交政府收藏。无意间，陈希敏的爱人拿起"全家福"给我看，最后一张是其独生子陈朝辉刚刚参军的"大红花"照。显然，这个红色家庭又给单拐小村增添了一抹亮彩。

"母亲叫儿打东洋，妻子送郎上战场。"

什么是红色基因？

这就是了。

"大哥，我带你去俺老院看看！"一个女声传来，脆脆甜甜。

她叫陈瑞芳，是陈希敏的小女儿。那天老爸忙于农活，她领着我前瞻后仰，连讲带解。或许是张秀爱强大的遗传基因，这名素昧平生的小孙女手脚利索，口齿伶俐，说到动情处，脸上露出两个逗人的酒窝。

漫步单拐村头，清朝建筑旧貌尚存，垂花门楼独具匠心，木砖石雕色调精美，蓝砖灰瓦清雅素淡。东进西出，"机关算尽"，随处可见的胡同有 10 条之多。邓小平、宋任穷、黄敬、杨勇、王宏坤，一大批如雷贯耳的名字闪亮其中。

陈瑞芳说的老院是就是北方的四合院，方方正正，扎扎实实。进去就是一个故事，一个故事走出一位伟人，一位伟人昭示一个道理。

1945 年，那是一个春天，后来成为中国改革开放总设计师的邓小平同志，就住进了单拐的这座四合院。

"欢迎，欢迎。大家不要拘束啊，小平同志是党中央毛主席派来领导咱们搞减租减息的，有啥说啥，集思广益。"当然是"常驻大使"宋任穷致辞了，几个首长和房东代表齐聚宋住的大杂院。

"要得，要得！你们讲的情况很重要，让我了解了文件上看不到的东西。记住饭要一口一口吃，路要一步一步走，大家想有地种，就要团结一切可以团结的力量进行斗争。共产党就是领导咱穷人翻身求解放的嘛！"邓小平一口地道的四川话。

团结就是力量！随他一块来单拐的夫人卓琳身体力行。

"小鸡喽——卖小鸡喽！"这是豫北独特的小贩声音，尾音拉得极长。

"董大姐，看看去。"一天，卓琳招呼在街上做针线的邻居董兰芝。

"嗯嗯！"董兰芝支支吾吾，半推半就。她不是不想买，而是囊中羞涩。

卓琳眉头一皱，"计"上心来："我拿钱，你养着，大伙吃，怎么样？"

"那中！走。"董兰芝不好意思地拿起筐子。

从那以后，卓琳有事没事到董家串个门，捎一些剩饭、菜叶喂喂小鸡，找找乐子，见见街坊。

两个月后，小鸡长大能分清公母了。董兰芝叫丈夫捉了几只公鸡给卓琳送去。啊！大街上怎么出现了几副担架？原来是几位战士负伤了，回到村里养伤。没有迟疑，卓琳和董兰芝夫妇一起把十几只大公鸡送给了军区医院，让伤病员熬汤保养。

抚今追昔，故事中的老人已经作古，但"毫不利己、专门利人"的精神财富永不过时。

"把别人的困难当成自己的困难，把同志的愉快看成自己的幸福。"卓琳同志是这样想的，也是这样做的。

一路走，一路看，小平同志在单拐留下了4个月的革命轨迹。作为当时中共北方分局的主要领导人，纪念馆没留下他更多的手迹和遗物。听说单拐村民代表也去北京反映过，一来小平同志工作忙，二来他带头抵制个人崇拜。于是，伟人的革命精神就成了这里的"活教材"。

"我真的愿意化作一颗流星……光明留给世界，热能温暖大地。"

群众给八路军运送粮食

这便是老一辈无产阶级革命家的博大情怀，彪炳千秋，昭示后人。

"自己动手，丰衣足食。"我在单拐纪念馆硕大鎏金的"毛体字"前驻足。

"中原红都"名不虚传。

1944 年至 1946 年，在中共北方分局的领导下，根据地建立民主民生，充实边区物资储备，迎接全国战略反攻，广大军民开荒、种菜、酿酒、养殖，一片繁忙。由此，单拐已成为冀鲁豫边区的政治、军事、经济、文化中心和全国最大的抗日根据地。

1945 年 8 月 15 日正午，日本裕仁天皇通过广播发表《终战诏书》，宣布无条件投降。9 月 9 日，在南京陆军总部举行的中国战区受降仪式上，日本驻中国侵略军总司令冈村宁次代表日本大本营在投降书上签字，并交出他的随身佩刀，以表示侵华日军正式向中国缴械投降，标志着中国抗日战争暨世界反法西斯战争取得最后胜利。

中国共产党主张建立抗日民族统一战线，以共产党为主体的敌后战场和以国民党军队为主体的正面战场相互配合，团结一切力量，中华儿女不分阶级、阶层、党派、民族、地区，不分宗教信仰，不分男女老少，同仇敌忾、万众一心、众志成城，终于汇成一股气势磅礴、不可战胜的中国力量，最终粉碎了日本军国主义灭亡中国的迷梦，也对世界反法西斯战争做出了重大贡献，赢得了世界人民的尊敬。

第四章 ★

永恒的星光

第一军规

中国人民经历了长期的抗日战争，付出了巨大的牺牲和代价。同时，正是这场战争，锻炼了中国人民与中国共产党。随着抗日战争的结束，中国国民党和中国共产党的共同敌人消失了，两党过去积累的历史矛盾以及对国家前途的分歧再次浮出水面。

中国面临两个选择，一个是回到受奴役、不自由、专制、分裂、贫穷的旧中国；另一个是将中国建设成为一个独立、自由、民主、统一和富强的新中国。中国共产党反对第一种选择，争取第二个前途。为此，毛泽东在《论联合政府》报告中提出，废除国民党一党专政，"建立一个国民党、共产党、民主同盟和无党派分子代表人物组成的临时中央政府，发布一个民主的施政纲领"（《毛泽东选集》第三卷，第1067页）。国民党拒绝这一倡议，凭借美国的援助发动反共、反人民的内战。中国共产党充分运用和发展在抗日战争中形成的有利条件，领导人民解放战争，推翻国民党的反动政权，建立了中华人民共和国，为中华民族复兴奠定了不可或缺的前提条件。

1945年8月，蒋介石在日本投降前后3次发电邀请毛泽东到重庆商谈"国际、国内重要问题"。为避免内战再起，国共双方代表曾先后签订了《双十协定》和《停战协定》。然而，国民党政府派出军队进入东北地区及其他原日军占领区后，不承认前期已经进入该地的中共军队及其建立政权的合法性，双方遂发生大规模武装冲突。1946年6月，国民党军队以突然袭击手段，进攻中共在中原地区的一个集结区，全面内战爆发。

为了适应由抗日民族解放战争到国内解放战争的新形势和新任务的需要，这段时间，从抗日战争的战略反攻阶段，经过解放战争的过渡阶段，到解放战争的战略防御阶段，随着中日民族矛盾下降到次要地位，中国国内阶级矛盾上升到主要地位，作战对象由日本帝国主义变为国民党军队，实现了由抗日民族解放战争到国内解放战争的战略转变。在此种情况下，中国军民仍然面临着两种前途、两种命运的抉择。毛泽东于1945年4月23日在中共七大开幕词中明确指出："我们的任务不是别的，就是放手发动群众，壮大人民力量，团结全国一切可能团结的力量，在我们党领导下，为着打败日本侵略者，建设一个光明的新中国，建设一个独立的、自由的、统一的、富强的新中国而奋斗。"在这种新形势和新任务面前，中国国内的阶级矛盾主要是通过国共两党及其两军关系的好坏表现出来的，进而必然会引起包括人民军队称谓的变化等一系列问题。

1946年10月3日，《解放日报》在《为实现一月停战协定及政协决议而斗争》的社论中，第一次提出"中国人民解放军"的称谓。

1947年10月10日，毛泽东起草的《中国人民解放军宣言》发表，指出："我们是伟大的人民解放军，是伟大的中国共产党领导的队伍。"

随着革命形势的胜利发展，大兵团作战对人民解放军的军事纪律、政治纪律和群众纪律提出了更高的要求。为了统一纪律，中共中央于1947年9月22日致电各战区领导人，要求就"现行的三大纪律八项注

纪律严明的解放军

意内容，并提出意见"。刘伯承、邓小平在回电中说："三大纪律八项注意的基本思想不应再改变，因为它与我军打仗、生产（或筹款）、做群众工作三大任务是相适应的，只是文字上有些不同。"毛泽东吸取全军智慧，对"三大纪律八项注意"进行了修改。

在《中国人民解放军宣言》发表当天，中国人民解放军总部颁发了《关于重行颁布三大纪律八项注意的训令》：

一、本军三大纪律八项注意，实行多年，其内容各地各军略有出入。现在统一规定，重行颁布。望即以此为准，深入教育，严格执行。至于其他应当注意事项，各地各军最高首长，可根据具体情况，规定若干项目，以命令施行之。

二、三大纪律如下：

（一）一切行动听指挥；

（二）不拿群众一针一线；

（三）一切缴获要归公。

三、八项注意如下：

（一）说话和气；

（二）买卖公平；

（三）借东西要还；

（四）损坏东西要赔；

（五）不打人骂人；

（六）不损坏庄稼；

（七）不调戏妇女；

（八）不虐待俘虏。

那为什么要重行颁布《三大纪律八项注意》呢？训令中第一条就作了说明，由于其"实行多年，其内容各地各军略有出入"，土地革命战争时期，红军各战斗序列及其根据地都有自己的纪律，有些未能执行统一的《三大纪律八项注意》，故作统一规定；另一方面是当时国内政治形势发展提出的要求。和训令同一天发出的《中国人民解放军宣言》指明了这一点。宣言首次提出了"解放全中国"的革命口号，号召解放军全体指挥员、战斗员，担负起"我国革命历史上最重要最光荣的任务"，同时"必须提高纪律性""执行三大纪律八项注意""不允许任何破坏纪律的现象存在"。

当时中国革命进入一个崭新历史时期。解放战争进行了一年有余，随着各地军民奋勇斗争，到1947年下半年时国共两军力量对比发生了根本性改变，从此刻起解放战争进入关键性的下半场。人民解放军在相继打败了数百万国民党军队的"全面进攻"和"重点进攻"后，终于赢得战争主动权，开始转入战略进攻。在这一背景下，解放军各部之间的统一指挥、密切配合问题，新解放城市和地区部队政策、纪律执行问题，对待俘虏政策、纪律执行问题等，都需要进一步加强，才能满足革命形势由老区向新区、由农村向城市、由局部向全局迅速铺开所提出的要求。

"行百里者半九十。"怎样才能迈好通往全国胜利的最后关键几步？毛泽东敏锐地找到了一把钥匙——纪律建设。他认为："取得新的更大的胜利，最后和最有决定性的重要任务，就是要加强中国共产党，就是要使党的干部在政治上更加成熟，就是要使党的政策在全党更能统一贯彻，就是要克服党内思想上的经验主义倾向和组织上的无政府无纪律倾向。"在全党方面，毛泽东建立起严格报告制度，强调"将一切可能和必须集中的权力，集中于中央和中央代表机关"，并提出"加强纪律性，革命无不胜"，开展反对无纪律无政府状态的检讨活动；在军队方面，重行颁布《三大纪律八项注意》，并深入三查三整，开展新式整军运动，加强军队纪律建设。

《三大纪律八项纪律》是中国人民解放军的优良传统和行动准则，体现了人民军队的本质和宗旨。从此，内容统一的《三大纪律八项注意》就以命令的形式固定下来，成为全军的统一纪律，凝铸成为"第一军规"。

红色经典第一歌

作为"第一军规"的《三大纪律八项注意》从桂东的沙田颁布起，就逐渐融入到了这支人民军队的血脉之中。他们将军规写在本子上，写在背包上，写在沿途群众的墙壁上，同时也镌刻在自己的心中。

"三大纪律八项注意"最终成为这支人民军队无往不胜的力量源泉，离不开一首歌的广泛传唱，这首歌承载了这支军队在长期的革命斗争中磨砺出来的行动自觉，也唱出了这支军队的军魂，那就是——《三大纪律八项注意歌》。

古田会议之后，为了宣传红军的政治主张和方针政策，也为了鼓舞士气、教育部队，各个根据地都十分重视革命歌曲的创作和传唱工作，坚持把红军歌曲作为党的宣传教育和思想政治工作的基本工具。很多人民群众就是唱着红军歌曲参加了土地革命，参加了红军。

解放军艺术学院柴志英教授接受采访时说："1929 年，红四军第九届中共代表大会，也就是古田会议，在这个会议上，就确定了部队文艺工作的地位，它是为巩固和提高部队的战斗力服务，要求各级指战员都要收集革命歌曲教唱。当时是鼓舞士气，那时候生活很艰苦，一唱歌大家精神就来了。"

也是在这一时期，毛泽东提出的《三大纪律八项注意》被填进了当地的一首民歌曲调中，这就是最早传唱在红军部队中的《红军纪律歌》。

柴志英教授说，当时呢，为了能够贯彻这些纪律，作为纪律条令歌曲，就产生了一首《红军纪律歌》，但是它用的旋律不是现在这个，是用的《苏武牧羊》的曲调。现在大家听到的《三大纪律八项注意歌》是在红二十五军接到关于《中国工农红军三大纪律八项注意》的通告后编写的。

1934 年 9 月，中央苏区的同志来到了程坦所在的鄂豫皖苏区，向他们传达《三大纪律八项注意》的内容，这时，程坦才对《三大纪律八项注意》有了进一步的了解。随着《三大纪律八项注意》的内容在他的脑海中逐步完整，渐渐地，他萌生了把它变成歌词的念头。当时，程坦和军团政治部宣传科长刘华清等人住在一起，经常把南瓜叶子当

官兵教唱《三大纪律八项注意歌》

饭吃，生活十分艰苦，但他们却严守部队纪律。就是在这种艰苦的历史环境里，程坦跟刘华清几次交谈后，将《三大纪律八项注意》的内容仿照当时流传在鄂豫皖地区的《土地革命歌》的歌词写法，编成了通俗押韵的歌词。

据《刘华清回忆录》中介绍，程坦根据《三大纪律八项注意》的内容，编写成押韵的歌词，用了苏区流行过的《土地革命成功了》这首歌曲的曲调，也就是现在所流行的《三大纪律八项注意歌》的曲调。

1934 年 11 月，鄂东北游击总司令部与红二十五军会师，遵照中央命令开始长征，因此，当时改编的这首歌在部队中还没有传开。

红二十五军进入陕南后，补充了将近一半的新战士，产生了"老红军"和"新红军"。由于队伍规模不断壮大，再加之部队一直处在行进和战斗中，如何让新战士在最短的时间里了解并严格执行红军的纪律条令，让作为秘书长的程坦彻夜难眠。

陆军指挥学院蒋少散教授解说那段历史时讲："当时部队补充了大量的新兵，这些新兵由于缺乏我军长期的纪律的熏陶，违纪现象比较普遍，所以程坦就想着用《三大纪律八项注意歌》来对部队进行教育，所以他把之前已经有的《三大纪律八项注意歌》进行了再次的修改、补充，然后他和刘华清两人一起把这个歌词填入到《土地革命成功了》这首歌的曲调当中，最后由刘华清把它刻印装订成册下发到部队。"

由于这首歌内容重要，曲调大家也比较熟悉，所以很快就在部队中传唱开来，部队纪律状况得到了明显的改善。

原解放军艺术学院教授李诗原先生告诉我，1935 年夏秋，程子华被派到红二十五军团工作，他把中央根据地《三大纪律八项注意》的准确"文本"也带给了程坦他们。

这对于程坦来说如获至宝，因为他最初在编写歌词时仅仅是根据记忆所写下的。当晚，程坦激动得睡不着觉，躺下后又爬起来，围着一盆木炭火，摊开纸张严格按照《三大纪律八项注意》的内容逐条逐句地加以斟酌。第二天清晨，程坦拿着这首崭新而又完整的歌词，一路小跑来到了军团政治部。

时任政治部主任的郭述申回忆说："他（程坦）为了用革命军队的纪律教育广大指战员，特别是对刚补入部队的一批新战士，便依照标准内容逐条编写成歌词。他们（程坦和刘华清）送给我看时，最初的歌名叫《红军三大纪律八项注意歌》。"

柴志英教授说："程坦和刘华清在填词《三大纪律八项注意歌》的时候，这首歌先在二十五军传唱，后来在全军传唱，经过抗日战争、解放战争就一直传播下来了。1949 年后，军委总政治部也曾经正式颁布过命令，包括总参谋部也正式颁布过命令。它作为军队的纪律条令歌曲，在某种意义上，也是我们军队在音乐作品当中标志性的音乐形象。"

《三大纪律八项注意歌》这首红军歌曲，由于歌词形象地把军队纪律融会贯通在里面，曲调又雄浑有力，20 世纪 30 年代一出现，很快就在红军战士和群众中传唱开来。历经红军、八路军、新四军、解放军时期，虽然歌词内容因根据战争需要有所改变，但是这首歌的精神、这首歌的灵魂却是从未改变过。

1947 年 10 月 10 日，"训令"重行颁布后，《三大纪律八项注意》歌词也做了相应的修改："革命军人个个要牢记，三大纪律八项注意：第一一切行动听指挥，步调一致才能得胜利。第二不拿群众一针线，群众对我拥护又喜欢。第三一切缴获要归公，为了减轻人民的负担。三大纪律我们要做到，八项注意切莫忘记了。第一说话态度要和好，尊重群众不要耍骄傲。第二买卖价钱要公平，公买公卖不许逞霸道。第三借人东西用过了，当面归还切莫遗失掉。第四若把东西损坏了，照价赔偿不差半分毫。第五不准打人和骂人，军阀作风坚决克服掉。第六爱护群众的庄稼，行军作战处处注意到。第七不要调戏妇女们，流氓习气坚决要除掉。第八不许虐待俘虏兵，不许打骂不许搜腰包。倘若把这规矩破坏了，革命纪律处罚绝不饶。革命纪律自觉遵守到，相互监督切莫违犯了，全国人民拥护又欢迎，革命胜利快快就来到。"

1957年，总政治部再次组织专人修改《三大纪律八项注意歌》的歌词。此次改动，恰到好处。一是将"为了减轻人民的负担"改成"努力减轻人民的负担"；二是将"不要调戏妇女们"改为"不许调戏妇女们"，突出了纪律的严明性和主观意志力。第七段将"倘若把这规矩破坏了，革命纪律处罚绝不饶"改为"遵守纪律人人要自觉，互相监督切莫违犯了"，也突出了革命军人遵守纪律的自觉性。这些改动，可谓画龙点睛，不仅突出了"三大纪律八项注意"的思想主题，而且强调了中国人民解放军作为人民军队的性质。此稿经总政治部批准，作为定稿一直沿用至今。

20世纪70年代，毛泽东曾多次领唱《三大纪律八项注意歌》。

第一次是在1971年8月15日至9月12日期间，毛泽东到南方巡视，他反复强调要增强团结，遵守纪律，并且多次与随行人员和参加座谈的同志一起唱《三大纪律八项注意歌》。

还有一次是在1973年12月21日，中南海丰泽园毛泽东的书房里格外热闹，中央在这里召开八大军区司令员对调会议，各位政治局委员、各大军区司令员、政委们齐聚一堂。会后，毛泽东亲自指挥在场的所有人唱起了《三大纪律八项注意歌》，并再次强调"一切行动听指挥"的重要性。

为什么毛泽东多次指挥军队干部唱《三大纪律八项注意歌》？他在告诫我们，任何时候，人民军队都是纪律严明之师，广大官兵要把纪律融入血液，形成严守纪律的思想自觉、行动自觉。

大别山里的"约法三章"

《三大纪律八项注意歌》的歌声传唱在解放区的每一支人民军队中，第一军规也无时无刻不在规范着每一位革命军人的行为举止。然而残酷的战争与恶劣的环境，导致革命队伍里的少数人对自己放松了警惕。

延安枪毙黄克功的枪声响过后，也是在 10 月，在大别山深处，枪声再次响起。

1947 年 8 月 27 日，刘邓大军千里跃进大别山。刚到大别山的一段日子里，由于部队连续行军打仗，非常疲劳，部队情绪低落，对建立根据地的信心不足。战士们因水土不服，生活不习惯，加上老百姓对解放军不了解，拉着水牛都上了山，一些战士对此不能正确看待，发牢骚，讲怪话。最严重的是，一些部队连《三大纪律八项注意》的宗旨也置之脑后，出现少量抓向导、拖猪、捉鸡、拿东西等现象。对一支人民军队来说，这是一种比打了败仗还要危险的严重情况。正如邓小平 1948 年 1 月 15 日写给毛主席的报告中所讲的："9 月初 20 天最紊乱，减员很大，右倾思想严重，纪律坏。"

部队出现的违法乱纪情况，让刘邓首长忧心如焚。无论哪种性质的军队，一个有理智的指挥官都明白，一旦纵兵殃民，部队的军纪败坏，战斗力也就无从谈起。凡是一流部队，都视破坏纪律为军队之癌，一旦扩散，整个部队说垮就垮。

1947年9月2日，天气不好，下着毛毛细雨，为了解决这一问题，刘伯承、邓小平在新县小姜湾村专门主持召开整顿纪律干部大会。

刘伯承首先发言："部队刚到大别山，纪律就这么坏，如不迅速纠正，我们在大别山是站不住脚的！"

邓小平的批评更尖锐，他严肃地说："部队纪律不好，这是我军政治危机的开始，而政治危机必然带来军事危机，后果不堪设想。要知道，群众并不是注定要跟我们走的。如果我们纪律不好，骚扰百姓，为什么他们不可以跟别人走呢？现在，群众还不了解我们，对我们能否站住脚还有怀疑，不敢接近我们。我们要多打胜仗，坚决执行'三大纪律八项注意'，才能取得群众的信任。以后，凡是出现群众纪律问题，要首先追究有关领导的责任。"

在这次会议上，邓小平亲自为所有到达大别山的部队"约法三章"：以枪打老百姓者枪毙；掠夺财物者枪毙；强奸妇女者枪毙！他还要求所有干部、战士互相监督，严格执行，并成立了执法小组，严厉惩处违反纪律者。

"约法三章"公布不久，部队便发生了一件违反群众纪律的事情。

1947年10月13日，第二野战军司令部到达湖北黄冈县（今黄冈市）总路嘴镇，镇上的老乡几乎跑光了，空荡荡的镇子里，店铺关门，街上没有行人，冷冷清清。邓小平一行人站在路边，忽然看到一个解放军用步枪挑着一匹花布和一捆粉条，从一家店铺里出来了。邓小平脸色立即变了，对身旁的保卫科科长说："你去调查一下是怎么回事。他是什么人，这么大胆子！"后调查得知，他是警卫团四连副连长赵桂良，是个战斗英雄，还是个劳动模范。

当天中午，刘伯承、邓小平、张际春、李达等首长专门为这件事开会，最后决定，为了严肃军纪，下午召开公判大会，枪毙赵桂良，并且通知部队和群众参加公判大会。

在禁闭室的赵桂良得知了司令部的决定，抱头痛哭："我……我犯了纪律，杀我应当。可我死得太窝囊了，将来回到太行山，见到了我的家里人，你们就说我是打仗死的……"

公审大会开始了，直属部队坐在一边，前来观看的老百姓坐在另一边，会场寂静无声。由于这个副连长平时打仗勇敢，表现不错，许多人请求司令部饶恕他，给他一个立功赎罪的机会。一些当地的群众也前来为他求情。那个店主闻声赶来，对主持大会的同志说："早知大军纪律这么严，说什么我也不跑上山。如果家里有人，就不会发生这样的事了，请刀下留情。"

负责督办此事的张际春副政委见状，也动了恻隐之心，请示邓小平能否宽大处理。

邓小平听了，严肃地说："群众的话，我们可以理解。但既规定了'约法三章'，就不能说话不算数，失信于民。如果对一个副连长姑息、迁就，不能执行纪律，那么今后，更多的人犯纪律怎么办？不下决心严整军纪，部队的纪律就会继续坏下去，群众就更不相信我们，而我们在大别山也就站不住脚！"

当天下午，这个副连长在群众公判大会上被枪决了。

邓小平对整顿部队纪律非常重视，枪毙警卫团副连长赵桂良这一事件，无论是在当时，还是后来，都产生了重大影响。这件事在全军和群众中引起了震动，从此，部队在大别山区秋毫无犯，纪律更加严明。

刘邓十万大军在大别山这里创造了奇迹。

解放军在群众中做宣传工作

十月大别秋风急，刘邓健儿着单衣；千万将士自己缝，织成棉衣度严冬……此事古今从未闻，千古奇迹出我军；一切困难皆可度，全在万众是一心。

《棉衣歌》的歌词，现陈列于安徽六安市金安区张家店战役纪念馆第一展厅。金安区张店镇人大主席刘明圣介绍说，这首《棉衣歌》创作于1947年12月，歌中唱的是刘邓大军挺进大别山后，在最艰难困苦的时期，10万将士自给自足，缝棉衣过严冬的故事。

张家店战役纪念馆是纪念刘邓大军千里跃进大别山的"第一馆"，是六安市重点红色旅游景区。纪念馆共设两个展厅，其中第一展厅重点展示了刘邓大军千里跃进大别山的背景和过程等文献和图片资料。

刘明圣说："大别山岁月，是邓小平革命生涯中最辉煌的一次挺进，也是最艰苦的一段时日，艰苦到要男儿拿枪的手拿起针线，自给自足缝棉衣。"

1948 年 8 月 27 日，刘伯承、邓小平执行党中央命令，千里跃进大别山，揭开了我军由战略防御转为战略进攻的序幕。同年 11 月下旬，在鄂东、皖西转战了两个多月的刘伯承、邓小平，率领野战军指挥部来到湖北黄冈市黄安县（今红安县）七里坪。几天后，与李先念、王宠坤率领的第十二纵队、第十纵队胜利会师。

这时，蒋介石对大别山的重点"清剿"也拉开了帷幕，大别山的斗争进入了最艰难困苦的时期。

"10 万将士缝棉衣，可以说是战争史上空前的奇迹。"刘明圣介绍说。11 月的大别山，已进入深秋初冬的季节。然而，战士们仍穿着过黄河时的那套单军衣。一到夜晚，露寒霜重，寒风袭人，战士们冻得瑟瑟发抖，难以成眠。

邓小平看着战士们在潮湿寒冷的野外冻得背靠背、身挨身，蜷缩成一团的样子，心急如焚，夜不能寐。过去，部队在内线作战，有后方接济，有老区群众的支援，每逢这时，棉军衣早已发到战士们手中。可现在是在新区作战，远离后方，物资匮乏，而且大别山区群众的生活也很艰苦，在短时间内到哪儿去弄 10 万多套棉衣给大家御寒呢？

东拼西凑，总算把做棉衣的材料筹齐了

党中央、毛主席时刻关心着部队官兵的冷暖，曾打算从晋冀鲁豫根据地送棉衣来，或送银圆来就地采购。但是千里迢迢，封锁重重，这是何等困难的事。无奈，1947 年 9 月 16 日，毛泽东致电刘邓：你们全军冬衣准备，"要放在自己筹办上面，你们如果能努力收集棉花布匹每人做一件薄棉衣，或做一件棉背心，就能穿到 12 月、1 月，那时后方冬服可能接济上来"。在这种情况下，刘伯承、邓小平决心利用战斗间隙，自己动手，解决棉衣问题。随即，刘伯承指示各部队，就地购买材料，自行缝制棉衣。

号令一下，大家齐动员。各部队派出采购人员，根据规定的政策，向商家和群众购买、筹借布匹和棉花。人民群众非常关心解放军，听说部队筹集棉布，有的送来土布，有的送来棉花，还有的把拆洗过的旧粮食口袋送来。棉布主要是向商人购买，部队公平交易，价格合理。同时，部队还在解放的几个县城里缴获了一批布匹和棉花。这样东拼西凑，总算把做棉衣的材料筹齐了。

布匹有了，但发到部队，战士们都大眼瞪小眼，说这些红布、蓝布、白布，还有些是花花绿绿的印花布，叫人怎么能穿得出去？

刘明圣介绍说，原三纵七连二十团三连连长王永庆回忆："战士们拿着这些布，都不知道该怎么办。有几个班长去找指导员：'指导员，你是不是把布领错了？'指导员说：'没有错，都是这样的布。'他们又说：'都是些花布啊。'指导员说：'就是花布。'几个班长噘起了嘴，不高兴了：'当兵的，穿花衣服像个啥呀？'岁数大的战士更不愿意：'这么大岁数了，还叫咱们穿花衣服，我情愿挨冻也不穿花衣服。'指导员说：'这有什么，是花布可以染嘛，把草木烧成灰染染不就行了？'"

是呀，一支部队穿得五花八门，走出去也影响军容、军威啊。怎么办？战士们动脑筋，想办法，用树条、竹鞭和自制的弹弓来弹棉花，用稻草灰和锅底灰把布染成灰色，然后脱下单军衣，依样画葫芦，裁的裁，剪的剪，自己动手，缝制棉衣。

"刘邓身先士卒，各自亲手做了一套粗布棉衣。"刘明圣说，邓小平和战士们一样，自己动手，亲自裁剪，一针一线缝制，他还经常和刘伯承一起到直属队去检查战士们做棉衣的情况。

这天，邓小平和刘伯承走进警卫排的院子，见一群人正围着一个战士取笑打闹，原来这个战士做的新棉衣，前襟吊起来老高，脖子后面却鼓起一个兜兜，那兜兜大得能放进去一个大搪瓷碗。邓小平见状，也忍不住笑了起来。

这时，刘伯承走上前去，从衣领兜兜中拿出那只大碗，然后叫那个战士把棉衣脱下，放在门板上。邓小平连忙上前帮他拉平了袖子。刘伯承拿着剪刀，比着碗口，裁好了领口，又让其他同志缝好，不大不小正合适。在邓小平和刘伯承的示范与指导下，战士们互教互帮，边学边缝。半个月后，全军指战员终于都穿上了自己缝制的棉军衣。

邓小平兴致勃勃地把自己刚缝好的那件棉衣穿在身上，他仔细端详着，欣赏着，然后笑呵呵地对刘伯承说："你看，这穿在身上不是很好吗？我们的军队就是有这么一个最大的长处，只要我们自己动手，没有克服不了的困难。"

后来，这件棉衣一直伴随着邓小平转战在大别山上，度过了大别山最寒冷的冬天和最艰难困苦的岁月。

三大战役

　　刘邓大军自己缝制的棉衣伴随着他们度过了大别山最寒冷的冬天，他们经历的艰苦也是中国人民解放军的一个缩影。严于律己、自力更生的精神伴随着这支伟大的军队度过了中华人民共和国成立以前最艰难的岁月。

　　解放战争从 1948 年下半年起进入了战略决战阶段，继济南战役胜利之后，中国人民解放军遵照中央军委和毛泽东的指示，全国一盘棋，一切行动听指挥，连续发动了辽沈、淮海、平津三大战役，这是中国人民革命战争历史上，也是世界战争史上罕见的壮丽篇章。

　　决战首先从东北开始，因为东北是中国人民解放军数量唯一超过国民党军队的战场。根据东北局势，毛泽东运筹帷幄，确定由林彪、罗荣桓指挥东北野战军实施辽沈战役计划，首先攻取锦州，占领北宁路锦州、山海关段，关闭东北大门，形成关门打狗之势的战略方针。

　　1948 年 9 月 12 日，辽沈战役首先在北宁路山海关、唐山段打响，18 日东北野战军占领锦州，关上东北大门。10 月 21 日，长春解放。11 月 2 日，东北最大的城市沈阳宣告解放。随之营口也被人民解放军攻克，辽沈战役至此宣告结束，共歼敌 47.2 万人。东北换了主人。

这一战后，国民党总兵力下降到 290 万人，解放军总兵力上升至 300 万人。国共双方的正负位置，已经颠倒过来了。毛泽东信心十足地说："这样，我们原来预计的战争进程，大为缩短。""现在看来，只要从现在起，再有一年左右的时间，就可能将国民党反动政府从根本上打倒了。"

辽沈战役结束后几天，华东野战军和中原野战军遵照毛泽东和中央军委的命令，于 11 月 6 日下午发起淮海战役。战役分三个阶段进行，第一阶段歼灭了黄百韬兵团，第二阶段歼灭了黄维兵团，12 月 16 日，黄维兵团被歼的第二天，淮海战役进入第三阶段。这时平津战役已经开始，为了不使蒋介石迅速决策海运平津地区的国民党军队南下，毛泽东指示在南线留下杜聿明集团，暂时不做最后歼灭的部署。由于歼灭杜聿明已不成问题，人民解放军在战场上就地休整，并加强政治攻势。为了瓦解敌人的斗志，毛泽东为中原、华东人民解放军司令部起草了《敦促杜聿明等投降书》，向被围困的国民党军队阵地反复广播，劝其投降。

自 12 月 16 日以后的 20 天中，天气骤变，雨雪交加，国民党军队粮弹两缺，饥寒交迫，士兵饿死冻死的越来越多。蒋介石派飞机空投的少量粮弹根本无济于事。人民解放军就地休整。后方的几百万民工为了支援前线，源源不断地送来粮食、弹药等，使解放军得到充分的物资供应。1949 年 1 月 6 日下午 3 时，人民解放军发起总攻，陷入绝境的国民党军队的防御体系开始瓦解。10 日，杜聿明集团全部被歼，徐州"剿总"副总指挥杜聿明被俘，淮海战役胜利结束。

淮海战役从 1948 年 11 月 6 日到 1949 年 1 月 10 日，历时 66 天，共歼灭国民党军 55.5 万多人。国民党军队在南线的精锐主力已被消灭。长江中下游以北的广大地区已得到解放。国民党政府的统治中心南京、上海和长江中游的中心城市武汉已处在人民解放军的直接威胁下。整个南线战局已经根本改观。

当淮海战役的捷报传到西柏坡时，毛泽东十分高兴地将周恩来和赶来参加中央会议的刘伯承、陈毅请到自己居室做客。毛泽东对淮海战役的胜利给予高度的评价，指出："根据敌我态度和种种主客观因素，做出重大决策，这并非太难，难的是各战场的主要指挥员为贯彻既定的方略，须在千变万化的战场上始终保持冷静，处理得当。"他形象生动地把淮海战役比作一锅夹生饭，说这锅夹生饭被刘伯承、陈毅、邓小平、粟裕、谭震林等领导的人民解放军给一口一口地吃下去了，夸奖了他们的气概和才智。

辽沈战役结束后，淮海战场上国民党失败的大势已定。华北战场上踞守平津的傅作义部屡遭人民解放军沉重打击后，又失去了南北两面依托，军心动摇，孤立无援，已经到了山穷水尽的地步，随时都有逃跑的可能。但不管跑到哪里，对迅速实现全国解放都是不利的。中共中央决定抓住战机，将其就地予以歼灭，以加速国民党政权在全国的总崩溃。因此，毛泽东决定马上发动平津战役，击垮华北傅作义集团。

华北"剿总"总司令傅作义，早年投笔从戎，参加过辛亥革命、北伐战争和抗日战争，是驰名中外的将领。他与蒋介石多有矛盾，与之貌合神离，但由于旧观念的驱使，始终没有脱离蒋介石。傅作义集团所辖 60 万大军，20 万是傅的嫡系部队，另 40 万是蒋介石的中央军。根据当时全国和华北的战争形势，傅作义集团采取"暂守平津，保持海口，扩充实力，以观时变"的方针，在华北大地上，东起北宁线的滦县，西到平绥路的柴沟堡，东西约 600 公里的狭长地带，以北平、天津、张家口、塘沽、新保安为重点，摆成一字长蛇阵，既可守又可逃，以静制动。

针对傅作义集团的情况，中共中央决定由东北野战军和华北野战军约计 150 万兵力，共同投入平津战役，由林彪、罗荣桓、聂荣臻 3 人组成总前委，负责具体指挥。作战方针上，鉴于国民党军可随时西逃绥远或向东由天津、塘沽从海上南逃，为了防止其跑掉，在战术上采取先打两头，后取中间的做法，决定首攻塘沽和新保安，切断敌人逃跑之路。

1948 年 11 月 29 日，杨成武率领的华北野战军第三兵团开始包围张家口，平津战役开始了。战役的第一阶段，解放军采取隔而不围或围而不打的方针，分东西两集团着手分割、包围傅作义部。到 12 月 25 日，傅作义的 60 万部队已被分割包围在张家口、新保安、北平、天津、塘沽 5 个地区。西逃或东逃之路被阻，傅作义集团欲跑不成，欲战不能，由惊弓之鸟变成了笼中之鸟。

被围在新保安的是傅作义的第三十五军，军长是他的心腹干将郭景云，被围在张家口的是孙兰峰的第十兵团，他们均为傅作义的嫡系部队。为了加快战役的进程，中共中央军委命令华北野战军第二兵团杨得志部、第三兵团杨成武部分别担负攻取新保安、张家口的任务。经过激战，解放军相继拿下了新保安和张家口，新保安守军将领郭景云战败自杀，张家口守军将领孙兰峰被俘，傅作义的老本基本上被打光了。平绥全线获得解放，北平之敌西逃的希望化为泡影。

为争取天津守敌陈长捷投降，平津前线指挥部进行了多次劝降，仍未成功。1 月 14 日上午 10 时起人民解放军发起强攻，到 15 日 15 时止，解放了天津。天津战役的胜利结束，警告傅作义誓死抵抗只有死路一条。天津的解放，加速了北平和谈的进程。

这时，在军事打击的配合下，中共中央展开了争取傅作义和平起义的工作。经过一系列秘密接触谈判，在多方开导和形势的逼迫之下，傅作义于 12 月 23 日就起义事宜亲自给毛泽东发去一份电报。

毛泽东接电后，对傅作义的态度和目前的处境进行了认真分析，认为新保安、张家口之敌被歼后，傅作义在华北的地位有了明显改变，他对共产党的态度也趋向缓和，但蒋介石一直在对他施加压力，迫其南撤，故傅作义实质上还没最后下决断，处于动摇、犹豫之间。毛泽东请北平地下党直接转告傅作义，应放弃成立所谓华北联合政府的想法，尽快派一位有地位的代表谈判，接受我国现实的改变，并从傅作义的处境设想，对他提出几条说明和建议：目前不要发通电，否则将削弱他在蒋系军队中的合法地位，甚至被蒋介石加速解决；将其列入国民党43人战犯名单，请其谅解；傅氏不应去南京，否则有被扣留的危险；双方应进一步谈判。傅作义听了这些意见后，如释重负，派人与解放军代表继续会谈。

经过多次谈判，傅作义接受了毛泽东提出的八项和平条件。1949年1月31日，人民解放军进驻北平城内。谈判的成功，北平的和平解放，使这个文化古都得到了完整的保存，促使国民党军队日益瓦解，大大加速了全国解放的进程。

平津战役，历时64天，共歼灭和改编国民党军队52万余人，除归绥、太原、新乡等少数几个孤立据点外，解放了华北全境。

自1948年下半年以来，经过辽沈、淮海、平津三大战役的决战，人民解放军在北起松花江、南抵长江的广大土地上，前后经过142天的连续作战，消灭国民党军队173个师，共154万多人。三大战役的胜利，给了蒋介石反动统治以毁灭性的打击，其军队主力已被消灭，作战部队仅剩下100多万人，并且分布在从新疆到台湾的广大地区和漫长战线上，蒋介石赖以发动内战的资本基本上输完了，长江中下游以北的广大地区得到解放，蒋介石反动统治的基础从根本上瓦解了。

55岁的毛泽东身体强健，满头黑发。三大战役胜利结束，毛泽东终于可以轻松一下了。警卫员李银桥给他篦头，毛泽东喜欢篦头，他说这样可以促进血液循环，消除疲劳，是一种很好的按摩。忽然，李银桥发现了一根白发，他叫出了声："哎呀，主席，您有白头发了。""噢——"毛泽东轻轻呵出一声，看着警卫员拔下来的白发，风趣地说："白了一根头发，胜了三大战役，值得！"

　　在三大战役期间，毛泽东经常不顾疲劳，彻夜不眠地工作。在他屋里那张旧写字台上，为前线起草的指示、电文竟达190份之多，也有人说400多份。2006年，在《毛泽东军事年谱》里，研究人员得到准确的数字，是408份，可见他付出了多大的心血。对此，周恩来感慨道："毛泽东在世界上最小的司令部里，指挥了规模最大的革命战争。"

进京赶考

这的确是世界上最小的司令部。

在西柏坡的一座小院子里，有四间低矮的土砖房，那就是中国人民解放军的总部和军委作战室。

四间房子，总面积只有 35 平方米，里面的三张桌子依然按原样摆放着，纤尘不染，桌上放着几部手摇电话机和军用电台。整个房间最显眼的是满墙挂着的军用地图和作战参谋绘图，它们在告诉世人当年战役的紧张和急促。

就是在这里，毛泽东、周恩来、朱德等和作战室全体人员一起，设计、研究、制订着全国几十个战场的作战方案，指挥着几百万中国人民解放军，在几百万平方公里的土地上纵横驰骋。

1948 年 3 月 23 日，毛泽东、周恩来、任弼时率中央前委机关一行，在陕北吴堡县川口东渡黄河。而后，大队人马经晋绥解放区，过恒山进雁门关，抵五台山，再达晋察冀军区。

两个月后的 5 月 27 日，这一队人马，悄悄地来到了西柏坡。

随着战局的好转，毛泽东领导的中央机关从黄土高坡转移到了太行山脉。在浩瀚的大山褶皱里，高高低低的山岭和深深浅浅的沟壑纵横交错着，汇聚在一起，就像毛泽东和他的战友们，从五湖四海而来，也会聚到了这里。

村南的滹沱河不知疲倦地朝着大海的方向奔流着，那里有它的梦想。毛泽东和他的战友们的梦想也在滹沱河北岸生长着。

中央机关是以"工校"的名义进驻西柏坡的，他们来了之后，这里的故事逐渐多了起来。

当时中央机关在村民阎国三家里喂养着一群马匹，大都是从陕北带来的，供领导人和机关人员骑用。这部分马匹，管理有序，食料充足，并没有啃过村民的树皮。

真正"作案"的，是外来的马匹。那是土地会议期间，不少代表驻在外村，只能骑马而来。开会的时候，就把马拴在会场南面的一片小树林里。由于喂养不周，战马饥饿，啃咬了不少树皮。树干白森森的，像骨头。

第二年春天，一些柳树和杨树没有发芽。看到这些，刘少奇心里非常不安和愧疚，便责成行政处的何科长进行逐户调查赔偿。可乡亲们都不同意，树死了可以重栽，有什么要紧，开会搞土改是咱农民的大事，这点小事算什么？咱们同住一个村，这样做就显得太见外了。

但刘少奇仍然坚持赔偿，说"我们必须严格执行'三大纪律八项注意'"。于是，有的赔了钱，有的赔了米。村长王树声绷着脸，什么也不要，行政处就硬是往他家送了两把椅子。

1948年春天的一个晌午，村民刘永久和儿子正在地里种谷子。

朱德路过这里，见他们父子俩有些吃力，便提出要帮他们拉耧。

刘永久认识这个人，是"工校"的"朱校董"。他连连摆手："使不得，使不得，这是粗活儿，可不要闪了你们文化人的腰。"

朱校董哈哈一笑："我也是种田出身，手把式也不差呢，不信咱们比一比。"说着，一步上前，不由分说，熟练地把套绳搭到肩上。

这个结实的黑大个儿，果然有力气，像一头犍牛，迈开有力的步子，一连拉了七八个来回。原本笨重的木耧，在他强电流般的拉力下，立时显得轻松多了。

干了一阵儿，朱校董的头上渗出了细密的汗珠，微微飘浮着白气。他便坐在地上休息了一会。

那一年，朱德62岁。

……

夏天的一个傍晚，董必武和夫人何莲芝出门办事，猛然发现村头的石碾盘上放着一个大约2岁的孩子。

何莲芝走过去，猫下腰来，细细看一眼，立马惊呆了：这不是房东阎志林家的小青海吗？何莲芝伸手摸一摸，孩子四肢僵硬，浑身冰凉，只是额头略有温热，嘴角微微抽搐。再仔细一看，孩子的身下铺有一块苇席，席片底下横放着一条麻绳儿。这是当地处理死婴和夭折小孩

解放军帮助滹沱河畔群众插秧

的通常办法。

董必武急切切地说:"快、快送医院!"

何莲芝抱起孩子,向中央医院设在东柏坡的医务所跑去。

阎青海,生于1946年6月,兄妹五个,排行老小,前些天因为传染流行性脑脊髓膜炎,昏迷多日,水米未进,不省人事。那个年代,医疗水平极其低下,民间死婴弃婴现象十分普遍。青海母亲看到孩子已经不治,就大哭一场,用席子裹住,准备扔到苇地西头的水坑里,但毕竟于心不忍,只是把孩子放在了水坑附近的碾盘上。

医生经过诊断并紧急请示,决定使用特效药——盘尼西林。盘尼西林就是后来通称的青霉素,当时刚刚传入中国,是一种极其昂贵的特效药。几年前,白求恩大夫就是因为缺少此药而遗憾去世的。而当时中央医院里的盘尼西林,是特工部门冒着风险从国民党占领区的上海市秘密购进的。

经过精心治疗,阎青海竟然起死回生了。

几天后的一个晚上,董必武夫妇抱着小青海,送回阎家。

解放军帮助群众扬场,收储粮食

闫家人简直惊呆了，他们以为孩子早就被野狗吃掉了。阎志林夫妇痛哭流涕，跪倒在董必武夫妇面前，坚持让孩子认"干爹"。

他们和西柏坡群众的关系就如同滹沱河里的鱼和奔流的水一样，互相依偎着。阳春三月，风和日丽，空气中弥漫着一股清香的味道，那是惊蛰的生命正在悄悄苏醒。

1949 年 3 月 5 日下午三点半，中国共产党七届二中全会，以一种低调、简朴、保密、家常的方式，在西柏坡中央机关食堂召开了。

这是中国共产党在解放战争时期召开的唯一一次中央全会。

毛泽东在会议第一天所做的报告中说："二中全会是城市工作会议，是历史的转折点。"

"从 1927 年到现在，我们工作重点是在乡村，在乡村聚集力量，用乡村包围城市，然后取得城市。采取这样一种工作方式的时期现在已经完结。从现在起，开始了由城市到乡村并由城市领导乡村的时期。党的工作重心由乡村转移到了城市。必须用极大的努力去学会管理城市和建设城市！"

现在，革命胜利已经到来，一个个城市回到了人民的怀抱。接管城市，领导城市，建设城市，通过城市发展促进全国发展，一个新的历史阶段已经到来。

党的工作重点，必须再次进行一次根本性的转移：由农村转向城市，由农业转向工业。

只是，二十多年来，中国共产党工作在农村，兴旺在农村，面对陌生的城市，他们能适应吗？

一支能赢得最后胜利的军队，不仅仅只会攻城略地。

农村包围城市，再进驻城市，最后夺取全面胜利。中国人民解放军在 1948 年 9 月打响济南战役时，就已经朝着中心城市进军了。

1949 年 4 月 25 日，毛泽东、朱德要求中国人民解放军在解放大城市的时候必须遵守《三大纪律八项注意》，并且还发布了《中国人民解放军布告》，宣布约法八章：

一、保护全体人民生命财产；

二、保护民族工、商、农、牧业；

三、没收官僚资本；

四、保护一切公私学校、医院、文教机关、体育场所及其他一切公益事业；

五、除怙恶不悛的战争罪犯及罪大恶极的反革命分子外，凡属国民党中央、省、市、县各级政府的大小官员、国大代表、立法监察委员、参议员、警察人员、区乡镇保甲人员，凡不持枪抵抗，不阴谋破坏者，一律不加俘虏、不加逮捕、不加侮辱；

六、一切散兵游勇均应向当地人民解放军或人民政府投诚报到；

七、农村的封建土地所有权制度是不合理的，应当废除；

八、保护外国侨民生命财产的安全。

东北曾经遭受日本的侵略统治长达 14 年，后来国民党占领了这里的大城市，对于沈阳城里的百姓来说，解放军是一支相对陌生的队伍，群众基础较弱，这在客观上给接管沈阳带来一定的挑战。

1948 年，辽沈战役即将胜利，接管沈阳的准备工作提上了党中央的议事日程。沈阳解放意味着东北全境即将解放，如果能够成功接管沈阳，就可以有力地支援全国的解放战争。要想达到这一目的，就必须保证沈阳城内各种设施的完整，否则之前的许多努力将付诸东流，因此必须做出严格细致的规定来确保成功接管沈阳。

1948年10月15日，按照中央指示，东北局准备接管沈阳。10月27日，东北局决定成立沈阳特别市军事管制委员会（以下简称为军管会），全权处理接管沈阳工作，军管会主任由陈云担任。

两天后，陈云率领从东北各地抽调的4000名新老干部，从哈尔滨出发，日夜兼程赶往沈阳。

接管沈阳的工作之所以艰巨，是因为它与以往党的城市政策截然不同。从土地革命战争以来，我军曾经夺取过一些中小城市，但由于敌人力量过于强大，我们一时占领的城市又很快得而复失。因此，当时坚持走以农村包围城市，最后夺取城市的斗争道路，采取的城市政策一般是惩处反革命分子，开仓济贫，破坏那些有利于敌人的军事、交通设施，等等。

面对解放战争这种新形势，以前的城市工作方针政策显然不能适用了。要接管沈阳，东北局必须根据沈阳的具体情况，制定正确的城市工作方针政策，才能适应形势的发展要求。因此，早在解放军进入东北地区之初，根据东北地区城市工作的具体情况，中央指示东北局："在一切行动中，必须注意政策，给东北各阶层人民以好的影响。"对城市里的工厂、机器、建筑及铁路设施都要加以保护。同时规定，我军退出大城市后党的城市政策是："从城市退出时，应保持良好的纪律，除了我们所需要的物资及其可以搬走的外，其他一切工厂、机器、建筑均不要破坏。这些工厂在若干年后，仍将归于我有，不怕暂时让给别人。对铁路，除了军事上有必要者外，亦不要破坏。"对入城部队和接管人员都有纪律要求。

军管会多次召开会议，研究制定了接管沈阳的方针、方法、分工及注意事项，并拟定了接收的具体办法和入城后张贴布告的宣传内容。不论是入城的部队，还是接管的工作人员，都有必须遵守的纪律。

其中有4条规定非常关键，在关键时刻稳住了局势，稳定了人心。

第一，敌伪留下的一切物资、文件不得外拿。为了确保完整性，士兵甚至不能触碰文档和文件。第二，敌伪的财产在没有得到确认之前，任何人不能占用，包括军火库，也必须保护起来。这一条说起来容易做起来难，对于缺弹少粮的解放军来说，严格的纪律确保他们做到了这一点。第三，接管人员要对旧政权下的工作人员进行识别，如果是特务必须要抓起来，但不准杀人。第四，对于城中各单位的职员，要留用，并按时开工资。这一条对于安定民心，尽快恢复城市运营尤为重要。

1948年11月2日，在沈阳解放的欢呼声中，中国人民解放军向沈阳市各阶层"约法八章"，奠定了平稳接管沈阳的基础。细细研读"约法八章"的每一条款，就会发现其中在保护民生、维护社会稳定方面，有着许多细节方面的规定，例如"所有私人资本开设的工厂、商店、公司、企业、银行及其附属的仓库、货栈等一律保护，准许照常营业，不受侵犯"。在布告的结尾，中国人民解放军号召全沈阳市的市民"共同遵守，不容破坏"，并声明我军"为人民利益奋斗，纪律严明，公买公卖，不取民间一针一线"，通过实际行动确保平稳接管沈阳。

在当时，沈阳是解放军接收的第一个大城市，一定要接管好，不能将打下来的城市变成"死城市"。要让国民党所有在职人员在规定的时间内向人民政府报到，一律上班，各机关开始办公，工厂开始生产，商业部门都要开始正常营业。从现在起，沈阳就是共产党领导的城市，一定要比国民党管理得更好！

历史为这次接管工作做了最好的证明，仅仅用了4天的时间，沈阳城内就恢复了往日的运营，这与解放军和接管人员严守纪律、遵守规定密不可分。

沈阳解放第一天，军管会就把解决电力、交通、通信作为城市运转的起点，同时抓紧解决粮食供应、金融物价等问题。第二天，沈阳市内就恢复了供电、供水。随即，电车、电话、电报、通信恢复正常，社会秩序日趋稳定。当时的沈阳粮食供应紧张，金融物价秩序混乱，军管会根据沈阳粮价高于铁岭、开原的现实，提出应该根据成本加运费及合理利润来制定价格，以保证沈阳的粮食供应。为防止物资被囤积隐匿，陈云提出沈阳物价不宜低于老解放区。由于采取措施吸引粮食入城，避免了外地商人抢购物资及物价先落后涨等不利局面的发生。部分商人不明币值和物价行情，不敢开市，致使市场凋敝。针对这一现象，军管会迅速公布了沈阳周边地区物价表，鼓励商业开市。军管会还限定日期，要求群众将手中的金圆券和东北九省流通券，按规定比例、手续和地点，兑换成东北银行发行流通的东北币，并将约15万公教职工的工资，按标准折兑成粮食发放。第四天，商店紧闭的大门打开了，失业工人领到粮食和生活费，职员拿到当月工资，人心稳定了下来。

1949年年初，在解放军进驻上海之前，陈毅召开了华东军区直属机关排以上的干部大会。会上，陈毅在讲话中尖锐地批评部队在丹阳表现出的一些违反纪律的事情。他说："八号下午，我同饶政委到街上散步，走到光明大戏院门口，里面正在演《白毛女》，有几个穿黄军服的同志，没拿票硬要进去，并且有一两个带头，闹得很厉害，老百姓拿着票子反而进去不了。这些人一定是我们直属队的干部，今天可能也到会了。那时逼得我不得不亲自出马干涉，他才走了，如果没有我们去干涉，那天戏院一定要被打烂。大概同志们认为革命成功了，没有革命对象了，所以革到戏院里来了。"

陈毅进而严肃地指出："目前的情况：必须提出接收城市、管理城市、改造建设城市问题。提出严格遵守纪律，这是一个大的思想转变。我们打了二十年的游击，对今天革命的胜利虽然起了决定性的作用，但由此而引起的游击观念，也要改变。我们全体同志应该知道，保护城市，建设城市，十年以后大家就可以享受比较优越的物质生活了。如果我们依然是无政府无纪律，以自由主义、个人主义代替共产主义、集体主义，则我们的建国工作二十年也搞不好。"

他又说："解放军的入城纪律是给新区城市人民的见面礼。进入城市一方面要有管理改造城市的革命信心，另一方面要有谨慎小心的态度。上海是个最现代化的城市，是帝国主义反动派的窝巢，是百年来发展起来的各式各样、奇形怪状的复杂的城市，我们没有经验是很难进行工作的。因此除了具有信心以外，必须要有谨慎小心'临事而惧'的态度，这样才能多考虑问题，否则是低级的幼稚的，就一定会栽跟头。进入上海是中国革命的最后一个难关，是一个伟大的考验。中国革命的胜利是世界革命的第三次大胜利（即俄国十月革命、第二次世界大战反法西斯战争和中国革命的胜利），上海搞得好不好，全中国全世界都很关心。我们搞得好，世界民主力量就会为我们高呼，庆祝，干杯；搞不好，就会使他们失望。相反地，帝国主义、国民党反动派看到我们搞得好就会失望，而搞得不好他们就会欢呼，因为他们认为自己还有救。共产党不是没有进过上海、南京等大城市，大革命时代进入过上海、武汉、南京等地，但是又被赶出来了。这次进去是否还会被人家赶出来呢？现在还不敢大胆地说一个'不'字，主要是看我们自己。"

为此，陈毅明确宣布了解放军进城之后的纪律："1.必须强调入城纪律，入城纪律是入城政策的开始，是和市民的见面礼。纪律搞得好，政策就可以搞得好，搞不好就会影响政策的推行。上海人民对我们的希望很大，把我们看成'圣人'，如果一进去就搞乱了，他们就大失所望，再去挽回影响就要费很大的劲。2.纪律是两方面的，因为上海很复杂，我们到了上海要越小心越好。对敌人要斗争要严肃，对基本群众朋友要客气，要争取团结，使他们拥护赞成我们。敌人好管，老百姓也好管，就怕我们自己混乱，使敌人有机可乘。3. 入城时要尽量做到部队不进城，全部驻扎郊外，先派接收干部、经过专门训练的武装进城，初步清查接收，分配好房子，然后依次进城。马匹、大车一概不准入城。4. 外交问题。5. 入城最大的保障就是事先请示，事后报告，反对无纪律无政府状态……"

正是由于陈毅及时看到了进城之后的诸多问题，并相应一一制定纪律进行约束，上海的接收才比较顺利和稳当，这不仅在后来有了《霓虹灯下的哨兵》之类的故事，也使得许多动摇和徘徊中的前政权人士、资本家、知识分子放心留了下来，接受中共的领导，参与到新中国的建设中来。

1949 年 5 月 12 日，第三野战军第九、第十兵团发起上海战役。战斗打得异常艰苦。当解放军完成从东、南、西三面包围上海的行动后，敌人凭借高楼大厦构成火力网。粟裕等军队领导早就下了命令：在上海市区战斗中，只准使用轻武器作战，一律禁止使用火炮和炸药。战友们一批批地冲上去，一批批地倒下来，河水都被鲜血染成红色了。被阻在苏州河南岸的二十七军前线指战员不忍再看到这种伤亡，强烈要求开炮。军长聂凤智下令制止："谁敢放一炮，我撤谁的职！"

经过半个月艰苦战斗，5 月 27 日，上海市宣告解放。为了不惊扰上海市民，蒙蒙细雨之中，疲惫至极的战士和衣抱枪，睡卧在车水马龙的马路两侧。新华社随军记者艾煊这样写道："慈祥的老太太，热情的青年学生，商店的老板、店员，都恳切地请求战士们到他们的房子里去休息一下。可是战士们婉谢了，他们不愿擅入民宅，他们不愿在这一件小事上，开了麻烦群众的先例，开了违反人民军队传统的先例。"

三野官兵露宿上海南京路街头人行道上的照片、纪录片，成了极为珍贵的历史镜头。

据说，当时英军的著名将领蒙哥马利元帅看了这样的镜头后，感慨地说："我这才明白了，有这样睡水泥路面精神的军队为什么能够打败经美国武装起来的蒋介石数百万大军。"

时任二十三军六十九师二〇五团团长的秦镜也曾回忆："部队模范地执行了城市政策纪律，在市区内一律不进民房，全部露宿在马路街头，谢绝一切物资慰劳。"为了不影响市场供应和金融秩序，解放军入城后，一律不允许在市区买东西，甚至部队吃的饭菜也是在几十公里以外的郊区做好，再送到市区。

胜利之师的仁义之举，令上海百姓感动不已。其时移居上海的著名人士竺可桢，曾在日记里记下了当时的点滴情景："26日。下午三点起微雨，子夜大雨……解放军在路站岗，秩序极佳，绝不见欺侮老百姓之事。在研究院门前亦有岗位，院中同人予以食物，均不受。守门之站岗者倦则卧地，亦绝不扰人，纪律之佳，诚难得也。"

第三野战军第九兵团夜里攻入上海市区，第二天居民晨起开门发现解放军官兵全部露宿街头，这对中外舆论产生了极为强烈的震撼力。当时美国合众社的报道也记录了当时的场景："中共军队军纪优良，行止有节，礼貌周到……虽然有许多大厦是大开着，可以用来做军营，而中共军队仍睡在人行道上……"

《大公报》则报道了一件小事："某对新人定于25日在新生活俱乐部结婚，婚礼正在进行，解放军到了，来接收这个国民党机构。新人宾客进退维谷。不想解放军很客气地说'你们结婚'，站在一旁等待。等到礼毕，又等到宾客们进完茶点，司仪宣布终场，解放军才进场接收。"

严明的军纪，感动了平民百姓，也令上海的商贾大亨们动容。"我的车开到一个路口，有位解放军战士告诉我，前边还有战斗，不安全，要我别过去，态度和气诚恳，这是我第一次接触解放军。"原国家副主席荣毅仁曾这样回忆。当时，荣毅仁是上海三新银行董事兼经理、上海合丰公司董事、江苏无锡茂新面粉公司经理，在荣氏家族中的地位举足轻重。1949 年年初，荣氏父子心情复杂，荣毅仁的太太杨鉴清已托人在香港租好房子，准备在"形势紧迫"时迁居香港。而这一天的见闻以及随后解放军的城市政策，让荣家留了下来。5 月 25 至 27 日，当激战的枪声渐次平息，上海市民推门出户，看到就在自己住处的附近，成排的解放军战士全副武装，露宿街头。

这是一支什么样的部队，攻入城市，打了胜仗，却坚持"进城不扰民"——在黄梅雨冲洗过的街旁路边，解放军战士头戴军帽、衣不解带，齐刷刷地躺在阴冷潮湿的水泥地上，步枪靠墙倚放，只有机枪手入睡时还手持武器。解放军露宿街头也有队形，不是横七竖八，而是横向侧卧，就这样从这边路旁的人行道上一直延伸到那边去……

上海《大公报》5 月 25 日报道"解放军进上海"："人民解放军先头部队，昨晚十一时起向市区开进，并分别接收本市各机关，预料整

解放上海后，解放军严守军队纪律，不入民房，不扰群众，露宿街头

个市区今日可以获得解放。""进入市区之解放军，极有礼貌，因时在深夜，且在戒严状态下，故鸡犬不惊。又苏州河各路口桥梁禁止通行，桥上仍有敌军驻防。"并称赞"此次解放军夜间进入我市，使数百万人民免受惊恐"。次日，该报又以《解放军纪律太好了！》为题，报道说："解放军的纪律和作风，已成全市市民最主要的话题。马路上群众议论纷纷，到处都听见赞扬和感激之声。"

上述赞语仍不免稍显苍白，新华社记者艾煊在多年后撷取解放军指战员战上海、睡马路的经典镜头时，仍然写实而生动："打了一夜，肚子饿，身上冷，战斗停了，感到特别疲倦。干部，战士，都怀中抱着枪，坐在人行道上，背靠墙脚打瞌睡。落着小雨的人行道，潮的，黏糊糊的。有的人实在累极了，就躺在这潮湿冰凉的水泥地上。""在稀烂的湿泥地上睡觉，这不是第一次。行军中，尤其是作战中，遇不到村庄，只好在烂泥中打滚。这是战争中常碰到的事，并不稀奇。此刻不同，苏州河以南的市区已全部被我占领，市区的战斗业已结束，是应该好好休息一下了。在湿泥地上睡觉，是我们过惯了的战地生活，不稀奇。上海老百姓感到稀奇。从来没有见过这样本色的军队，占领了一个城市，有雨，居然不入民宅，就这么睡在潮湿的水泥马路上。中外战史上，像这样的胜利者，这样的占领军，也确实罕见。"

解放军入城部队良好的军纪，是陈毅刻意送给上海市民的"见面礼"。解放军入城露宿三天，成为上海城市的集体记忆，目睹如此情景，怎能不令人心生感动？

1949 年 4 月，百万雄师胜利渡江后，解放军二十三军在靖江、太兴等地，一举突破敌人长江防御，乘胜南下，直指杭州。5 月 3 日凌晨三点钟，杭州人民广播电台正式播音，它向全国人民宣布："中国人民解放军进城，杭州解放！"

杭州苏醒了，初升的太阳，轻轻地揭开了雾纱，杭州露出了美丽的容光。酣睡了一夜的市民们打开门窗，奇迹出现在眼前：家家户户的屋檐下睡着解放军，整整齐齐，连成一片，连绵直接西湖边。他们一个个灰尘满面，睡着了，枪还紧握在手里。

部队进入了大城市，能不能像在农村一样，秋毫无犯地执行纪律，这是对我们的严峻考验。杭州旧政权崩溃了，但是，大街上仍然是"灯红酒绿"，扰得人眼花缭乱。有些花枝招展的女子，见了解放军也嬉皮笑脸，弄得战士们啼笑皆非，打骂不得。内部的思想也有点儿不稳定，上有天堂、下有苏杭嘛，大家都想去逛逛。在进行入城教育时，部队规定了3条：不准占房子，不准拿东西，不准游览。杭州是举世闻名的风景胜地，不仅有许多宝贵的文物古迹，还有许多美丽动人的神话传说。解放军将保护好杭州，做得好坏，不仅对全中国，而且对全世界都有影响。干部要以身作则。

刚进杭州时，许多高级的宾馆和住宅都空着，就连蒋介石的行宫、宋美龄的别墅，也是谁都可以进去。部队指示把这些大房子、大公馆封起来，不准任何人随便进去，有的地方还要派人站岗。还宣布："杭州城里只有中国人民解放军，其他武装都是非法的。必须放下武器，立即解散，否则，军法论处！"

"解放军有三大纪律八项注意！"上行下效，全军纪律严明，令行禁止。敌人仓皇逃跑时，丢下了不少的财物。蒋介石的行宫里、宋美龄的别墅里、资本家的仓库里，金银财宝、绫罗绸缎，俯拾皆是。我们的战士干部，在这些地方站岗值勤，不管是白天黑夜，不管人多人少，面对着琳琅满目的财物，不动心，不动手，无愧于解放军的称号。尽管同志们心里都想去逛逛杭州，但是，谁也没有擅离职守。家住杭州的同志，几过家门而不入。一有空闲，部队指战员都自觉地帮助群众修缮被损毁的房屋，清除垃圾，拆除障碍，把杭州打扫得干干净净。

解放军在帮助群众修缮房屋

历史上，兵火曾几次焚烧过杭州的寺庙和园林。解放军当年虽有千军万马到过杭州，然而，杭州不但安然无恙，而且得到了新生。

1949年8月5日，中国人民解放军一三八师在小吴门举行入城式。10万人的欢迎队伍啊，那一天，王甸彬感触最深的，是人民群众对共产党和人民军队的热情拥护与支持。这一天顺利到来了，此前他几次进入长沙的经历，令他对这一点刻骨铭心。

王甸彬是河北蓟县（今天津蓟县）人，1949年8月随军南下参加接管长沙的公安工作。在长沙公安系统历任侦察股长、保卫股长、经保处长、副局长，1974年3月升任长沙市公安局党组书记、局长，1991年离休。

7月4日的长沙，蓝天白云，苍翠的树叶沐浴着明净的阳光。简洁的书桌旁，老人一袭洁白飘逸的大褂，鹤发童颜，分外精神地与我们谈着往事。

是年 83 岁的王甸彬，1942 年在家乡参加革命，那年他 16 岁，从事情报与肃特工作。就在那一年，他送区委书记突围躲开敌人包围圈，在当地老百姓的帮助下，安全到达兴隆县山区。突围的时候，他们只有 2 把枪、10 发子弹。1945 年年初，他在玉蓟宝联合县九区做公安助理，被扫荡的日伪军包围，是一位老妇人把身材瘦小的他藏进被窝才逃过一劫。谈起这些，王老由衷感慨："没有老百姓，我早倒在日伪军的枪口下了。"

1949 年春，上级一纸调令，王甸彬与 7000 多人随军从天津南下。他和 100 多位同志准备接管湖南省会警察局，作为南下工作团湘江大队公安第三中队。经过短暂的整编与学习，于 6 月 2 日自开封出发，经安徽蚌埠至南京。随后，从陆路秘密到达汉口，再坐船到达平江，步行进入长沙，驻扎在郊外东桥圣和中学。

在 1949 年 8 月 5 日解放军进城之前，他就于 7 月 20 日至 28 日，先后 3 次秘密入城，搜集敌特组织与其活动的情报。三进长沙城，他们找到了一名在中正路（今解放路）开诊所的"重要情报关系人"，得到了大量情报。之后，他们确定了《湖南省会警察局的情况及接管方案》，为顺利完成接管任务打下基础。

8 月 2 日，王甸彬再次与几名队友提前秘密入城，为长沙解放与接管工作做情报搜集与肃特等相关准备。临近解放，长沙主要街道上，老百姓用高大的树木钉成"水浒寨"一样的栅门，晚上可以关闭"寨门"，封锁街道，阻止国民党军队自由调度。学校、工厂等重要机构日夜有人巡逻，防止敌特破坏。此时的长沙，随处可见护厂、护校、保护城市的学生和各界群众在行动。

"没有老百姓，一切胜利都难以想象。"王甸彬说，湖南和平解放，地下党与其组织下的各界群众做出了巨大贡献。人民解放军渡过长江，向江南进军以后，第四野战军数十万人进入湖南，第二野战军数十万人进军大西南，也要经过湖南。为保证人民解放军120万人马的粮草和上万干部的生活需要，保证各项建设事业的需要，保证运输线的畅通，在省委和各级党组织的领导发动下，全省已解放的广大农村迅速掀起的群众性的征粮、借粮、支援子弟兵、支援前线的热潮，有力地支持了湖南乃至整个西南的解放。

"迎解联"负责人刘晴波曾这样回忆：5日傍晚，晚霞似火，残阳如血。群众队伍向各主要街道集合。当晚10多万人挤站在街道两旁，夹道欢迎入城解放军，庆祝和平解放。

亲历当日盛况、现已75岁的《湖南日报》退休职工罗章回忆，进城当晚，一条长长的队伍由小吴门进城，沿着中山路、蔡锷路、黄兴路到南大十字路出城，分驻郊区各地，足足地走了4个钟头。当这条队伍经过的时候，人们狂喜，高呼口号"欢迎解放军""向人民解放军学习""毛主席万岁"。解放军也高呼着"感谢长沙人民的欢迎""建设新长沙""军民合作团结一致"。

队伍经过中山东路、蔡锷路、黄兴路，老百姓不间歇地提送茶水，还有市民在自家门口为解放军摆上新鲜的瓜果。当年长沙河东学运区区委委员、现年86岁的杨竹剑老人看见，严整的解放军队伍里，战士们的衣服都汗湿了，却没有一个人走出队列来取瓜果和茶水解渴。市民便纷纷挤上前去，将茶水递给解放军战士，将瓜果塞在他们手里。除了茶水，其他东西都被战士们礼貌客气地回绝。

回绝不了的，是人民群众的盛情。年轻的女学生见到战斗员，激动地献上一束鲜花；天真的小朋友，鞠躬后跑上去送一面小红旗；更有慈母之心的老太太，看到汗流满面的战士，想不出别的慰劳办法，抢起手上的大蒲扇，挤上前去，为他们扇风。负责维持秩序的自卫队，简直是无可奈何。后来有一些人，自动地在解放军两旁手牵起手来，

群众自发杀猪送往军队，慰问解放军，祝贺军队取得战斗胜利

免得大家去搅乱行列。

爆竹声一连几个钟点不息，响彻全城。罗章说，欢迎解放军的人群直到深夜两点才渐渐散去。

人民解放军进城后，严格遵守中国人民解放军的"三大纪律八项注意"，密切联系群众，全心全意为人民服务。战士们的一举一动，都饱含着对人民群众的深情厚谊，一个个动人故事，给人们留下了难忘的美好记忆。

8月5日深夜，担任长沙警备的中国人民解放军某部指战员们进入长沙驻地。指战员们为了不惊动人民群众，全部露宿街头。

次日清晨，一些早起的长沙市民惊奇地发现，长沙的街头静静地睡着解放军的官兵。早晨，居民们邀请解放军指战员们进屋休息，却被指战员们婉言谢绝。解放军，原来是这样的一支队伍，难怪攻无不克，战无不胜。

某团三连机枪一班，看见分配的房子太窄，怕住进去给居民添麻烦，

露宿街头的解放军整齐地排列在街道的一边

仍然在街头休息。

中午，火辣辣的太阳烘烤着长沙街头睡午觉的战士，一些长沙居民们于心不忍，又一次邀请战士们进屋休息，仍被谢绝。

8月5日晚，解放军某部机枪连驮骡队进了城，一时找不到合适的地方拴牲口，拴在附近的树上又怕牲口啃坏树皮，战士们便用自己的雨布、雨衣、毛巾等包裹着树干，然后再把牲口拴起。

第二天早晨，部队要转移时，饲养员看见牲口拉了粪便在地上，急忙用青草将粪便扫在一起，然后再用雨衣包起送往厕所。

居民们看见后，都不让他们用雨衣包，有的人赶忙跑回家去拿扫帚。可是，当他们拿来扫帚时，街道已经被战士们打扫得干干净净。

解放军进城后，严格执行《三大纪律八项注意》。某部一连有个战士扫地时捡到一根线，马上送给了房东娭毑。娭毑说是拆被子时不要的线，这个战士就留下来作为钉扣子之用。同志们知道后，又要这个战士把线还给娭毑，娭毑很受感动，又亲自将线穿上针再送回来。可是，这根带针的线在桌上一直放了三天，也没有人动一下。

战士们烧饭的柴草，都是自己从郊外买了背回来的。

有的连队因把煮饭的锅借给群众，自己没有东西煮，就吃炒米。

8月7日上午，白崇禧由衡阳派出3架飞机飞临长沙上空盘旋，解放军某团一连九班战士冒着敌机的轰炸扫射，把自己挖的防空洞让给过路的居民，居民们感动地把战士们称为"人民的救星"。

当天深夜，大西门太平街起火，某团警卫连三排指战员们马上奔赴现场救火。一位居民深有感触地说："以前，我们听了国民党反动派的欺骗宣传，对解放军半信半疑。今天我亲眼看见解放军真是太好了。长沙解放了，我们的心也解放了！"

1949年1月31日，中国人民解放军进入北平，北平和平解放。随着党的工作重心由乡村移到城市，中共中央决定进驻北平。时间定在1949年的3月23日。

毛泽东十分重视李自成失败的教训。早在1944年毛泽东就把郭沫若写的《甲申三百年祭》列为整风学习文件，要全党引以为戒。郭沫若的《甲申三百年祭》叙述的是明末李自成领导的农民起义军攻入北京后，部分首领腐化、内部发生宗派斗争，以致彻底失败的过程。

"我党历史上曾经有过几次表现了大的骄傲，都是吃了亏的。全党同志对于这几次骄傲，几次错误，都要引为鉴戒。近日我们印了郭沫若论李自成的文章，也是叫同志们引为鉴戒，不要重犯胜利时骄傲的错误。"郭文连载完后仅20天，即1944年4月12日，毛泽东在延安高级干部会议上就把它列为学习材料。

现在，全国胜利在即，中央机关要进城了，而且恰好也是进北京，毛泽东又想起了李自成的历史教训。在考虑进城问题时，毛泽东就有这样的一种估计：可能有这样一些共产党人，他们是不曾被拿枪的敌人征服过的，他们在这些敌人面前不愧英雄的称号，但是他们经不起用糖衣裹着的炮弹的攻击，他们在糖弹面前要打败仗。

因此，在七届二中全会上的报告中，毛泽东向全党提出了一个很严肃的问题：在胜利面前，要防止党内的骄傲情绪，以功臣自居的情

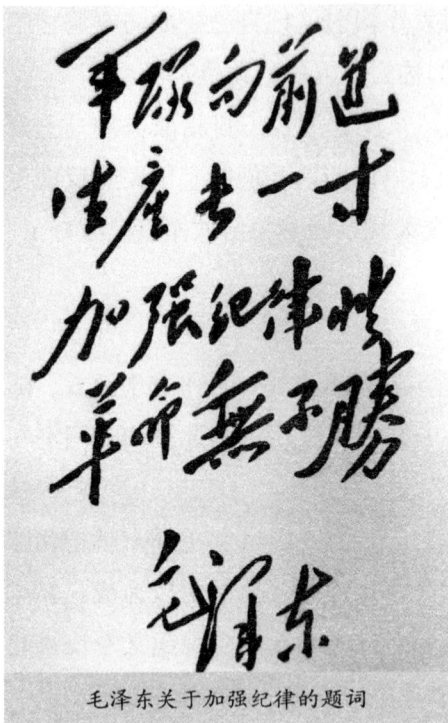

军队向前进
生产长一寸
加强纪律性
革命无不胜

毛泽东

毛泽东关于加强纪律的题词

绪，停顿起来不求进步的情绪，贪图享受不愿再过艰苦生活的情绪。他还在七届二中全会上提议：不给党的领导者祝寿；不送礼；少敬酒；少拍掌；不用党的领导者的名字作地名、街名和企业的名字；不要把中国同志和马、恩、列、斯平列。毛泽东的这个提议得到一致拥护，被作为六条重要规定。

毛泽东对北平这座历史古城，既熟悉又陌生。毛泽东青年时期，为寻找改造中国的道路和方法，曾于1918年和1919年先后两次到过北平。30年后，在即将打败国民党蒋介石、建立新中国的前夜，毛泽东和他的战友们率领中共中央机关浩浩荡荡地开向北平。

1949年3月21日清晨，中国人民解放军第四野战军政治部保卫部长钱益民和司令部作战科长尹健带着100多辆大卡车、20辆吉普车、轿车，分别从平、津两地出发，到西柏坡迎接中共中央和解放军总部迁往北平。

3月23日上午，毛泽东、朱德、刘少奇、周恩来、任弼时五位书记，率中共中央机关即将离开中国共产党最后一个农村指挥所——西柏坡，离开被称为工校的中共中央所在地。临行前，毛泽东意味深长地说："今天是进京'赶考'的日子，不睡觉也高兴啊。今天是进京'赶考'嘛，进京赶考去，精神不好怎么行呀！"

周恩来会意地笑道："我们应当都能考及格，不要退回来。"

毛泽东凝视车队将要开往的方向，坚定地说："退回来就失败了，我们绝不当李自成。我们一定要考个好成绩。"

三月的北方，正是风沙季节，车队在坑坑洼洼的土路上负重前进，扬起滚滚烟尘。车轮下绵延的土路就像这支军队的发展壮大之路一样，曲折不平而又漫长，如今却连通并走向北平的康庄大道。

车队到达的第一个目的地是北平郊区的西苑机场，3月25日下午，毛泽东将在这里举行入城式，检阅部队，接受各界代表的欢迎，与民主人士见面。千百张笑脸在欢呼歌唱，千百双眼睛都望着一个方向。毛主席来了！毛主席来了！军乐大作，欢呼声震天。受阅部队由第四野战军的三个步兵团、一个摩托化团、两个炮兵团、一个坦克营及英雄模范功臣代表连以上干部组成，刘亚楼任阅兵总指挥。

当一发银白色照明弹腾空而起时，人民武装力量的检阅开始了。毛泽东登上第一辆浅绿色吉普车，朱德、刘少奇、周恩来、任弼时、林伯渠等也依次登车。乐队高奏雄壮的《解放军进行曲》。第四野战军参谋长、阅兵总指挥刘亚楼响亮地向毛泽东报告："受检阅的部队全部到齐！"

毛泽东在刘亚楼的陪同下，缓缓行进。50门六〇炮陆续发射500发照明弹，犹如千万颗亮晶晶的星星高挂空中。坦克炮塔上飘着红旗，坦克手精神白倍地一齐向自己的领袖们敬礼。毛泽东、朱德、刘少奇、周恩来、任弼时等无限欢欣，含笑还礼。受检阅的成排的高射炮、榴弹炮、重炮，全是得之于敌人的美式武器。摩托化步兵、乘坐卡车的战士们，个个雄姿英发。

检阅结束后，毛泽东、朱德、刘少奇、周恩来、任弼时等驱车前往早已准备好的中共中央驻地——香山。

1949年10月1日，天安门广场成了欢乐的海洋。毛泽东用他那庄严而铿锵的湘潭口音向世界宣告：中华人民共和国成立了，中国人民从此站起来了。

朱德总司令号召解放军指战员继续努力，向国内未解放的其余地区进军，实现解放战争的最后胜利。到 1949 年年底，除西藏外，中国大陆基本解放。一轮红日在中华人民共和国的大地上冉冉升起。

制度建设的"双璧"

中华人民共和国成立了,这片古老传奇的土地上焕发出勃勃生机,这里从此换了人间。全国上下万众一心,人们以无比的热情投入到建设新中国的热潮中。在相当长的时间里,中国共产党与人民群众保持了在革命战争时期的那种鱼水关系。

历史的车轮行驶到了 20 世纪 50 年代末 60 年代初,轰轰烈烈的"大跃进"和"人民公社化运动"未能实现人们的预期,反而使国民经济和人民生活陷入困境。随着党内"左"倾思想的发展,干部队伍中脱离实际、脱离群众的倾向开始出现,在党员干部队伍中,"共产风""浮夸风""强迫命令风""生产瞎指挥风"和"生活特殊化风"等"五风"一度盛行。党中央经过调研发现,干部作风是导致党群关系、干群关系陷入紧张、阻碍社会发展的重要原因。为此,1960 年 11 月,中共中央颁发《关于彻底纠正"五风"问题的指示》,要求各级干部"彻底纠正十分错误的共产风、浮夸风、命令风、干部特殊化风和对生产瞎指挥风"。

在 12 月召开的中央工作会议上,毛泽东要求胡乔木借鉴红军的历史经验,尽快起草一个在新形势下普遍适用的"党政干部三大纪律八项注意"的文稿。实际上，在此之前，毛泽东就指出红军"三大纪律八项注意"中的"一切行动听指挥"和"不拿群众一针一线"两条现在"普遍适用"。

时任中共中央书记处候补书记的胡乔木于1961年1月8日，就拟订党政干部"三大纪律八项注意"问题给毛泽东写了报告。

胡乔木所拟稿中的"三大纪律"是：1.有事同群众商量，永远同群众共甘苦；2.重要问题事前请示，事后报告；3.自己有错误要检讨纠正，别人做坏事要批评揭发。"八项注意"是：1.保护人民安全，打人要法办，打死人要抵命；2.保护人民自由，随便罚人抓人关人搜查要法办；3.保护人民财产，侵占损害人民财产要赔偿；4.保护公共财产，贪污盗窃假公济私要赔偿；5.用人要经过组织，不许任用私人；6.对人要讲公道，不许陷害好人包庇坏人；7.对上级要讲实话，不许假报成绩隐瞒缺点；8.对下级要讲民主，不许压制批评、压制上告。

1961年1月8日，毛泽东批示将胡乔木所拟稿子印发参加中央工作会议的同志讨论。1月9日，他又亲自参与讨论，指出"三大纪律八项注意"是我们军队战无不胜的法宝。他语调沉重地说，可是现在我们有些党员干部却自以为是，不听中央的统一指挥……这样下去后果不堪设想啊！现在我们要制定一个"三大纪律八项注意"，让大家对照着改正自己的缺点和错误，坚决执行中央的政策，与群众一起把生产和生活搞好。他还指出，草案太复杂，不如红军"三大纪律八项注意"简单明了；要从正面谈问题。毛泽东的讲话和意见引起共鸣，大家纷纷表示支持制定"党政干部三大纪律八项注意"，并提出了修改意见。

当年5至6月召开的中央工作会议上，根据各地上报的意见，对"党政干部三大纪律八项注意"草案进行了讨论修改，并正式写进"农村六十条（修正草案）"贯彻实行。

1962年9月27日，党的八届十中全会通过的《农村人民公社工作

条例修正草案》，又对"党政干部三大纪律八项注意"进行修正，最终
确定的是——

三大纪律：

一、认真执行党中央的政策和国家的法令，积极参加社会主义建设；

二、实行民主集中制；

三、如实反映情况。

八项注意：

一、关心群众生活；

二、参加集体劳动；

三、以平等态度待人；

四、工作要同群众商量，办事要公道；

五、同群众打成一片，不特殊化；

六、没有调查，没有发言权；

七、按照实际情况办事；

八、提高无产阶级的阶级觉悟，提高政治水平。

"党政干部三大纪律八项注意"中有几点着重强调了干部与群众关系
的重要性，主张同群众打成一片。

毛泽东曾经评价习仲勋是一位"从群众中走出来的群众领袖"。习
远平在《父亲往事——忆我的父亲习仲勋》一文中详细记述了习仲勋
到洛耐浴池泡澡的情形："回想起来，父亲的泡澡'癖好'其实是与人
民'泡'在一起的'癖好'，是与人民坦诚相见、交流无碍的'癖好'。"

1975 年，这位喜欢与群众打成一片的"群众领袖"习仲勋第二次
下放洛阳，住在耐火材料厂职工宿舍。南山果园的路上有个菜市场，
不管买不买东西，习仲勋都爱在这里转悠。看看货色，问问价格，了

解市场行情。

从群众中来，到群众中去，对于违反纪律的事，习仲勋也从来都是眼里揉不下沙子。在菜市场中至今还流传着习仲勋平纠纷的故事：有一天，当地农村的一个老太太，拿着自己家里母鸡下的十几个鸡蛋到工厂门口叫卖。当时一个鸡蛋可以卖5分钱，而当时一个壮劳力干一天活也就能挣两三毛钱，十多个鸡蛋对老太太讲，太重要了。

当地驻军的一个小战士路过此，很好奇，拿起鸡蛋来看了看，结果不小心把一个鸡蛋打碎了。老太太哭着嚷着非要小战士赔偿。想不到的是，那小战士非但不认错，嘴里还嘟囔着不服气，一副不以为然的样子。

这时正巧一位胖胖的老干部模样的人路过，他好奇地询问起情况。老太太说："好不容易攒了半月，11个鸡蛋，买盐买醋，就靠它们了。恁让老干部给评评理。"

老干部从口袋里拿出一张5元的人民币，塞到老太太手里，老太太说什么也不接，只求老人把鸡蛋买下来，5毛钱就够了。老人问了老太太村里生产队的一些情况，老太太说"俺孩在大队一天才挣一毛五"。老干部就对老太太说，他在工厂吃食堂，让老太太把钱和鸡蛋都拿回家。老太太连连称谢，拿着鸡蛋和钱一步三回头地远去了。

这时，老干部转过身来，声色俱厉地责问小战士："'三大纪律八项注意'的第四条你知道不知道？小小年纪，太不像话了，你这种行为，像个解放军战士？回去写个检讨，交给指导员，让他告诉你们的团长，好好管管部队的纪律！我是习仲勋！"

从此后，每当习仲勋从菜市场路过，大家都主动地向他问好，大家都觉得这老干部体贴人民，能为民做主。"三大纪律八项注意"，正是在老一辈革命家以身作则、率先垂范中深入人心的。

两个具有不同针对性的"三大纪律八项注意"，在不同的历史特定时期发挥着不同的历史作用。当年红军初创,军纪未严,如何才能得到人民群众的拥护支持?如何建设不同于以往旧军队的新型人民军队?作为第一军规的"三大纪律八项注意"成为人民军队的军魂,成为保持同人民群众血肉联系的纽带,也成为我们党和军队取得胜利的重要保障。正是因为军规军纪的坚持和严肃,人们从军队的身上才认识了共产党。"党政干部三大纪律八项注意"的公布,对于统一党员干部思想,密切党群干群关系,保持党员干部队伍的纯洁性、先进性起到了积极作用,有效遏制了腐败现象的苗头。它对随后进行的经济调整也产生了有利的影响,对于动员广大人民群众和中国共产党共渡难关,克服严重的经济困难,都产生了积极影响。

"党政干部三大纪律八项注意"对于今天的党员干部来说,仍然具有十分重要的作用。改革开放以来,党的队伍不断壮大,市场经济不断发展,党的建设和经济建设在取得辉煌成就的同时,却也存在许多不容忽视的问题。特别是在党员干部队伍中,当年毛泽东所坚决反对的脱离群众"浮夸风""强迫命令风""生产瞎指挥风"和"生活特殊化风"等不良风气沉渣泛起,腐败现象屡禁不绝,严重影响了党和政府形象,影响了党与人民群众的关系。对此,党中央高度重视,要求加强党的建设新的伟大工程,致力于反腐倡廉建设。而要加强党员干部教育,约束党员干部的行为,"党政干部三大纪律八项注意"仍然是十分重要的规范。

这两个"三大纪律八项注意"都凝聚着毛泽东的心血。"党政干部三大纪律八项注意"简明扼要,与军队"三大纪律八项注意"相得益彰,熠熠生辉,互为贯通,堪称中国共产党和中国人民解放军制度建设的"双璧"。

党的十八大以来,以习近平同志为核心的党中央高度重视党风党纪建设。中共中央政治局 2012 年 12 月 4 日在北京召开会议,会议要求以良好党风带动政风民风，真正赢得群众信任和拥护，切实解决群众反映强烈的问题，始终保持同人民群众的血肉联系。要求坚持以人为本、执政为民，坚持艰苦奋斗、勤俭节约，下决心整治庸懒散奢等不良风气，坚决克服形式主义、官僚主义，以优良党风凝聚党心民心、带动政风民风。制定中央"八项规定""六项禁令"，要求各级党政机关和领导干部对照执行。这个"八项规定""六项禁令"正是"三大纪律八项注意"在新时期新环境下与时俱进的最好体现。

永恒的星光

《三大纪律八项注意》在和平时期的中国人民解放军建设中仍然旗帜高扬，在军队加强革命化、现代化、正规化的发展过程中继续发挥着"第一军规"的规范警示作用。

新的历史时期，解放军依然严守《三大纪律八项注意》的纪律。原沈阳军区某摩步旅七连中士苟士鑫回大别山区探亲，返程时遭遇暴风雪，他翻山越岭数十公里出山："天上下刀子，军人也需按时归队。"陆军第二十七集团军在移防搬迁中，为了不扰民，做到"万人千车动，搬迁寂无声"……

人民军队始终是纪律严明之师。究其原因，就是广大官兵早已把纪律融入血液，形成了严守纪律的思想自觉和行动自觉。

我曾在人民网上读到这样一个故事：驻港部队的步兵旅，原是在毛泽东同志领导的秋收起义的红一军红一团基础上组建的，功勋卓著，具有艰苦奋斗的光荣历史传统。深圳基地教导团战士姚前进回江苏探亲途中，在南京火车站拾到一个装有 3.2 万元现金的挎包，他便在隆冬的寒风中苦苦站立 11 个小时等待失主；主人赶到并收点挎包后，拿出一沓现金给小姚,他坦诚地说:"要钱,我就不会等你了。"驻港部队组建以来,在香港和内地十分遵守《驻军法》和部队规定,从来没有从事任何形式的经商或营利性活动。这支具有钢铁般意志的部队,自觉抵制灯红酒绿和一切外来的诱惑,文明建军,质量建军,铸雄师劲旅,扬国威军威。这支不辱使命、不负重托的部队,以其威武文明的形象,于1997年7月1日零时,庄严地展现在香港630万同胞面前。

这样严守纪律的故事在我军的历史进程中比比皆是。

解放军某部坦克九连战士王春利随部队到永安庄搞训练,一天,王春利向房东王大娘借了根针补衣服,用完后顺手别在了背包上,事后,他把这件事给忘掉了。部队返回营房后他才想起借房东的针还没还,为自己没有自觉遵守《三大纪律八项注意》感到深深自责,于是,将这件事向支部做了汇报,决定把针还给王大娘。

第二天,王春利步行30多里来到王大娘家,看到热情的老人家更加地感到惭愧,他拿出针还给王大娘后,还深刻地自我检讨⋯⋯
⋯⋯

很多事情都可能是一些微不足道的小事,但汇聚起来彰显的却是中国人民解放军严守纪律的文明之师、威武之师、忠诚之师的光辉形象。

"忠也者,一其心之谓也。"有人曾问邓小平,长征是怎么走过来的。邓小平坚定地说:"跟着走!"绝对忠诚,就是永远听党的话、坚定地跟党走,任何时候任何情况下都始终对党忠贞不渝,不因时间、条件、环境等变化而有任何改变。

90年来,中国人民解放军在历届领导人的带领下始终跟着党走,这就是《三大纪律八项注意》中的第一条,一切行动听指挥,听党指挥。不忘初心,牢记使命;不忘初心,方得始终。"没有一个人民的军队,便没有人民的一切。"为建设强大的人民军队,我们党在各个历史时期,都根据形势任务的变化提出明确的目标要求,引领我军建设不断向前发展。毛泽东在中华人民共和国成立后领导制定了"建设优良的现代化革命军队"的总方针，改革开放之后邓小平提出"建设强大的现代化正规化的革命军队"的总目标，在新的历史时期江泽民提出"政治合格、军事过硬、作风优良、纪律严明、保障有力"的总要求，胡锦涛提出按照革命化现代化正规化相统一的原则加强军队建设的重要思想，这些重要理论引领着我军革命化现代化正规化建设不断取得重大成就。

2012 年 12 月，习近平在广州战区考察工作时指出，实现中华民族伟大复兴，是中华民族近代以来最伟大的梦想。可以说，这个梦想是强国梦，对军队来说，也是强军梦。我们要实现中华民族伟大复兴，必须坚持富国和强军相统一，努力建设巩固国防和强大军队。一是要牢记，坚决听党指挥是强军之魂，必须毫不动摇坚持党对军队的绝对领导，任何时候任何情况下都坚决听党的话、跟党走，确保部队绝对忠诚、绝对纯洁、绝对可靠。二是要牢记，能打仗、打胜仗是强军之要，必须按照打仗的标准搞建设抓准备，确保我军始终能够招之即来、来之能战、战之必胜。三是要牢记，依法治军、从严治军是强军之基，必须保持严明的作风和铁的纪律，确保部队高度集中统一和安全稳定。

习近平提出党在新时代的强军目标，是对我国由大向强发展阶段军队建设目标任务的新概括新定位，明确了我军发展的战略指导，开启了新时代强军事业的新征程。

90 年来，正是因为始终跟着党走，人民军队由弱变强。从严治军，靠什么管，凭什么治？就要靠严明纪律。任何军人，不论党龄长短、职务高低，遵守党的纪律，天经地义，责无旁贷。唯有把纪律挺在前面，坚持纪在法前、纪严于法，才能锻造出一支钢铁军队。

而今，虽然是和平年代，但是我们的"第一军规"与时俱进，继续为军队建设发挥着积极作用。从禁酒反奢，严控经费，再到治理军车，清查房地产,多项治军措施和条例形成配套,剑指解放军的"和平积习",中国军队整风渐入深水区。

近年来,中国人民解放军大刀阔斧地整肃军风军纪,高调公布整风的最新成果。《解放军报》最新报道称,军内整风初见成效,各大单位共清退不合理住房 8100 余套、车辆 25000 多台……

从禁酒反奢的"十项规定",到军车换新牌弃豪车;从厉行节约严控经费的规定出台,到全军内部清查房地产,再到禁示高级将领奢侈享受;从文职 3 级不得称将军,到出台约束文工团特权新规,多项治军措施和条例形成配套。

"'和平积习,是解放军长处和平时期形成的痼疾,危害极大。"国防大学教授刘明福告诉笔者,军内形式主义、官僚主义、享乐主义和奢靡之风等"四风"已成为国防和军队建设的公害。

其实,一些军队人大代表和退休高级将领对"和平积习"也早有不满,认为军内"四风"会使解放军离群众越来越远,使人民军队的政治本色、纯粹性出现问题。2013 年 3 月 1 日,习近平在出席十二届全国人大一次会议解放军代表团全体会议时,提出了"建设一支听党指挥、能打胜仗、作风优良的人民军队"的强军目标。

《解放军报》曾经有一个报道,沈阳军区某集团军政委去某旅调研,吃住在招待所,均是工作餐,严令不许加菜,基层干部感到很"不好意思"。

"不像以前,都安排在地方星级酒店的套间,迎送接待规格很高。"宁夏军区一位退休军职干部告诉笔者,军容风纪明显改善,接待简化,没了迎来送往。

"接待上级工作组、部队因公来人和地方领导,一律在招待所食宿,不宴请,不喝酒,不上高档菜肴,不摆水果鲜花。"有公开消息透露,目前几乎所有军区都已立下了类似的"铁规矩"。

坚决彻底地向"和平积习"开刀，将其从训练场上彻底清除，从各级指战员的头脑里连根拔掉，这些做法已清晰地烙上了习近平的整军印记。

"木受绳则直，金就砺则利。"治军之道，得之于严，失之于松。在深化国防和军队改革的新征程上，确保强军梦的实现，更需要我们的每一名军人坚决做到军令如山、军纪如铁，有令必行、有禁必止。人民军队继续发扬《三大纪律八项注意》的优良传统，这既是我军从90年的奋斗历史中总结出来的宝贵经验，也是人民军队本质的体现。

中国人民解放军是人民的军队，人民军队为人民，在军人心中，军队的纪律重于生命，人民的利益高于生命。

所以这里诞生了为了完成潜伏任务，不暴露目标、全身被烈火燃烧依然纹丝不动直至光荣牺牲的英雄邱少云；诞生了舍身救列车牺牲的中国人民解放军爱民模范欧阳海；诞生了面对2003年衡阳那场大的火灾，怀揣群众利益走向危险，用自己的生命捍卫他人生命和财产的20名年轻的消防战士……

那壮烈的一幕幕都将永存史册，他们勇往直前、舍生忘死的英雄气概更将长留在人们心里。一个个英雄的名字汇集成永恒的星光，他们的荣光温暖着我们每一个人，也照耀着我们的民族一步步前行。

尾声

★

春天的故事

春天的故事

四月的桂东沙田，春意盎然。

我又一次来到这里，第一军规广场上依旧人声鼎沸，一群孩子在追赶着，嬉闹着，无忧无虑。周围的街巷修整一新，许多墙壁上描摹的是有关红军的漫画，栩栩如生。

历史的车轮滚滚向前，历史的河流大浪淘沙，在桂东在沙田这片红色土地上，《三大纪律八项注意》传承下来的红色基因便是大浪淘沙保留下来的精华。有用责任和担当 30 年侍奉 110 余位孤寡老人的退伍老兵黄常明，有用"听共产党话，跟共产党走"作家训培养子女个个成材的革命后代郭垂乾，有洪流中舍生忘死勇救百姓的乡党委书记郭小诚，有孜孜不倦书写红色故事的本土作家郭名德……当地百姓就像 90 年前踊跃参军、投身革命那样，用实际行动传承着红色基因。

沙田戏台两边柱子上的对联似乎前不久又重新刷了一层金漆，熠熠生辉，"旧世界打个落花流水，新社会建设灿烂光明"，我要告诉那些先辈，这些愿望都实现了。

1928 年 4 月 3 日，在这里颁布的《三大纪律六项注意》仿佛当年的春风，吹遍了中国的大江南北，也吹过了 90 年的历史变迁，它通过不同的方式在军队和整个社会广泛传播，一直在规范着军人的言行。

卢梭曾言："规章只不过是穹隆顶上的拱梁，而唯有慢慢诞生的风尚，才最后构成那个穹隆顶上的不可动摇的拱心石。"

刑起于兵，师出以律。这铁一般的"第一军规"，是人民军队无往不胜的力量源泉，是巩固和融洽军民关系最坚韧的纽带。人民军队来自人民，人民军队扎根人民。正是有了广大的人民群众作为后盾，人民军队才如鱼得水，掀起改变历史、创造历史的滔天巨浪。

在险恶的战争环境中，面对强过我军数十倍、数百倍凶恶敌人的围剿追杀，我军之所以能由小到大、由弱到强，成长为无坚不摧、无敌不克的劲旅雄师，靠的就是建立在广大指战员高度自觉基础上的铁的纪律。不讲条件，不打折扣，不畏艰险，不怕牺牲，为了执行命令、严守纪律，真正做到了"刀山敢上，火海敢闯"。

昔日战争年代是这样，今天和平时期同样如此。今天，尽管我军所处的社会环境发生了很大的变化，部队指战员换了一茬又一茬，但是，老一辈无产阶级革命家培育的好传统、好作风没有变，也不能变。《三大纪律八项注意》仍然是我军最为可贵的军魂，是广大官兵坚定不移的政治信念和行动准则。

唐代诗人王湾曾写道："潮平两岸阔，风正一帆悬。"只有时刻把持严守军纪的这个"帆"，才能防微杜渐，不致"迷失"了前进的方向。与人民群众始终保持一致，从这个意义上说，《三大纪律八项注意》永不过时。

2015年1月13日，习近平总书记在十八届中央纪委五次全会上指出："'三大纪律八项注意'就那么几条，很容易记，更容易执行。"这说明了"三大纪律八项注意"的生命力很强大，为我们健全党的纪律提供了宝贵经验，面对当下的军队改革，依然有着它的积极价值和现实意义。

　　《三大纪律八项注意》——第一军规！凝结成新时期"听党指挥、能打胜仗、作风优良"的强军目标，让历史的回音，吹响改革强军梦的新时代号角，激荡起我们依法治军、从严治军的铮铮誓言。

　　耳畔又传来了熟悉的旋律，《三大纪律八项注意歌》铿锵的旋律萦绕在沙田第一军规广场的四周。

　　2017年，也是4月3日，这是我第四次来到这里，又是一个春暖花开的日子，我想起89年前《三大纪律六项注意》颁布的时候，也是在这样的季节。那时候，这里宁静的天空反衬着社会的动荡，大地挥别冬意的寒冷渐渐醒来，阳光温暖地浮动在沙田的群山之间，仿佛在打捞什么影子似的。绿色垂满枝头，萦绕着历史的声音，每朵鲜花都似乎写满故事。

后
记

后 记

历时 3 年，《第一军规》总算要跟大家见面了。

要写这本书，缘于一次初心之旅。有次走平汝高速回长沙途经桂东，在穿过一座 1200 米长的隧道时，黑暗吞噬了光明，在走出隧道重见光明的瞬间，我的内心有种难以名状的感觉。这个以"红军"命名的隧道，那鲜红的大字仿佛在召唤我停下脚步。

前面就是桂东沙田的高速公路出口，我果断决定下去探访这个当年毛泽东颁布《三大纪律八项注意》的小镇。这里地处湘赣边界、罗霄山脉中腹，曾是一个鲜为人知的山区集镇，因为一条军规的颁布而名垂青史。井冈山革命斗争时期，桂东发展成根据地的重要组成部分。1949 年 6 月 16 日桂东县解放，是湖南省第一个解放的县，也是一类革命老区。

春风送暖，阳光和煦。作为郴州人，我第一次踏上了这片离家乡故土不到百余里的红色土地，近距离感悟那段浩荡不朽的岁月，探寻那穿越时空的"军规"精神。

横亘在湖南、江西两省交界处的罗霄山脉巍峨耸立，草木苍翠，郁郁葱葱。沤江从山中百转千回流经沙田，在这片开阔处拐了个弯，环抱起一个静谧的集镇。第一军规广场坐落在镇子中央，萧克将军题字的"三大纪律八项注意颁布纪念碑"最为显眼，旁边保存完好的万寿宫端庄古朴，戏台两旁的鎏金对联"旧世界打个落花流水，新社会建设灿烂光明"熠熠生辉。伴随《三大纪律八项注意》歌曲的铿锵旋律，我走进《三大纪律六项注意》颁布旧址纪念馆，一幅幅展板、一张张照片、一段段解说，记录着"第一军规"从诞生到完善的经过，也见证着中国人民解放军从无到有、从弱到强发展壮大。历史见证，这"第一军规"成为军民团结的坚韧纽带，成为我军无往不胜的力量源泉。

正是桂东沙田的初心之旅，那些可歌可泣军民鱼水的故事，促使我踏上了追寻先辈足迹的征程，寻访那些他们曾经战斗过的地方，赣南、闽西、湘南、桂北、黔中、陇南、陕北、冀西、豫北……

一路走来，虽然艰辛，但收获满满，感动满满。感谢众多接受我采访的党史、军史专家，还有那些萍水相逢却全力协助我采访的朋友。要特别感谢中国作协副主席、中国报告文学学会会长何建明老师给我提出宝贵的修改意见，感谢中国报告文学学会常务副会长李炳银，中国作协创研部副主任、中国报告文学学会副会长李朝全两位老师对这个选题提出的指导意见，感谢湖南省作协王跃文主席倾情推荐，感谢军事科学院研究员武军先生对本书的肯定与推荐，感谢李春雷、丁晓原、丁晓平、纪红建、黄军峰、魏建军、陈新、李伟等老师给予我写作上的帮助。在本书的写作过程中，查阅了大量的党史、军史文献以及一些老同志的回忆录，还对新华社、《解放军报》等权威媒体报道过的内容有所参考，书中的珍贵历史插图由桂东沙田《三大纪律六项注意》颁布旧址纪念馆提供，在此一并感谢所有参考文字和插图的作者。与本书配套出版的还有同名专题片 DVD，感谢湖南人民出版社、湖南教育音像电子出版社各位老师的辛勤付出。

于我而言，这次写作既是一次红色教育学习的过程，也是一次心灵的洗礼。时光渐逝，沧海桑田，战争远去，天下太平，当我沿途看着美好盛世的同时，脑海里往往浮现的是那些烽火硝烟的岁月。我行走在历史与现实之间，脚下的路无限延伸，它连接着过去，也连接着未来，它连接着祖国的每一寸土地，也承载着这片土地上的每一个人。

作　者

2018 年 9 月 1 日晚于长沙